감성과 지성으로
일한다는 ─ 것

감성과 지성으로
일한다는 ── 것

초판 1쇄 발행   2022년 6월 7일

지은이   야마구치 슈 · 미즈노 마나부
옮긴이   오인정 · 이연희

펴낸곳   마인더브
주소   서울시 광진구 아차산로 375(B1, 105호)
전화   02-2285-3999
팩스   02-6442-0645
인쇄   두경M&P
이메일   kyoungwonbooks@gmail.com

ISBN 979-11-975823-2-5 (03320)
정가 15,800원

잘못된 책은 본사나 구입하신 서점에서 교환해 드립니다.

감성과 지성으로 일한다는 것

뉴 노 멀 시 대 비즈니스 전략

야마구치 슈·미즈노 마나부 지음 | 오인정·이연희 옮김

마인더브

시작하며 ──────── 야마구치 슈

　이 책에 자주 거론된 '세계관'은 미즈노 대표님과 두 번째 대담에서 이야기되었던 것으로 기억합니다. 이 책은 세계관에 대해 논하려고 기획한 것이 아니었기에, 처음에는 '세계관'이라는 단어조차 떠올리지 않았지만, 미즈노 대표님과 대화하며 앞으로의 비즈니스를 생각하는 데 있어서 매우 중요한 개념으로 떠오르게 된 것입니다.

　세계관이 왜 중요한가? 한마디로 '문제를 만들기 위해서'입니다. 현대 사회에서 '정답=솔루션(solution)'은 공급 과잉에 빠져 가치가 점점 떨어지고 있지만, '문제=어젠다(agenda)'는 희소화되어 가치가 계속 올라가고 있습니다. 어떤 의미에서는 이것을 '현대의 필연적인 상황'이라고도 말할 수 있습니다. 왜냐하면 우리 인류는 지난 500여 년 동안 '깊고 넓은 문제'부터 차례로 해결해 왔기 때문입니다. 이것은 시장 원리에 따른 작용입니다. 누구나 비즈니스를 한다면 되도록 시장 규모가 큰 영역을 원할 것입니다. 시장 규모는 '문제의 깊이와 넓이'에 따라 정해지기 때문에 필연적으로 '깊고 넓은 문제'부터 차례로 해결해 왔습니다.

그 결과 요즘 세상에는 '깊지만 좁은 문제'나 '넓지만 얕은 문제'만 남게 되었고, 그러다 보니 '해결함으로써 큰 가치가 생기는' 광맥과도 같은 '문제'를 발견하는 것이 어려워지고 있습니다.

이런 현실의 현대 사회이다 보니 '정답을 내놓을 수 있는 사람'보다 '문제를 내놓을 수 있는 사람'을 찾기가 극히 어려워졌습니다. 그렇다면 어떻게 하면 문제를 발견하고 제기할 수 있을까요? 이때 중요한 것이 바로 '구상하는 힘'입니다.

그럼 '문제'란 도대체 무엇일까요? 그것은 '원하는 모습과 현재 모습의 차이'를 말합니다. 원하는 모습이 명확하게 그려져 있다면, 문제는 필연적으로 발생하기 마련입니다. 즉, 현대 사회의 많은 영역에서 '문제'가 희소해지고 있다는 것은 우리 사회와 조직이 '새로운 세상을 구상하는 힘'을 잃어가고 있다는 것을 의미하기도 합니다.

앞에서도 말했지만, 이것은 당연한 결과라고 할 수 있습니다. 매슬로의 욕구 5단계 이론을 떠올려 보면 쉽게 이해할 수 있습니다.

산업의 역사와 매슬로의 욕구 5단계 이론을 조합하여 생각해 보면, 시장 규모가 큰 산업일수록 5단계 욕구 중에서도 하위 욕구에 대처해 왔다는 사실을 알 수 있습니다.

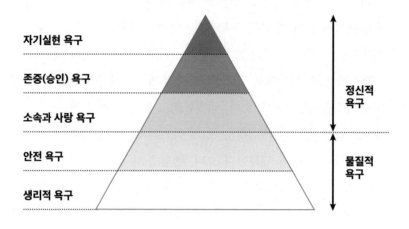

매슬로의 욕구 5단계 이론

자기실현 욕구

존중(승인) 욕구

소속과 사랑 욕구

안전 욕구

생리적 욕구

정신적
욕구

물질적
욕구

예를 들면, 2차 세계대전 이후에 폭발적으로 성장한 것은 가전과 자동차 산업입니다. 이 분야의 산업은 대부분 '더워서 힘들다, 추워서 힘들다, 겨울 손빨래가 힘들다' 같은 생리적 욕구나 '음식을 썩지 않게 보존하고 싶다, 안전하고 쾌적하게 이동하고 싶다' 같은 안전 욕구에 대한 솔루션(=정답)으로 큰 성공을 거뒀다는 사실을 알 수 있습니다. 그렇지만 지금은 이러한 낮은 단계에 대한 욕구가 거의 해결되었기 때문에 많은 사람들이 가지고 있던 물질적 욕구는 이미 충족되었다고 볼 수 있습니다. 이제 남은 문제의 대부분은 '정신적 욕구'를 어떻게 얼마만큼 충족시킬 것인가에 있습니다.

요즘은 단순히 '이동을 위해서'라는 목적만 가지고 구입하기에는 터무니없이 값비싼 자동차가 잘 팔리는 시대입니다. 이런 일이 발생하는 것은 이미 '안전하고 쾌적하게 이동하고 싶다'는 문제에서 '다른 사람에게 성공한 사람으로 인정받고 싶다'는 정신적 욕구 같은 문제를 해결하는 것으로 시장의 기능이 바뀌고 있기 때문입니다.

오늘날 비전의 중요성은 다양한 상황에서 거론되고 있습니다. '이제 와서 새삼스럽게'라고 말할 수도 있겠지만, 왜 비전이 중요한지 다시 한번 생각해 봤으면 합니다. 왜 비전이 중요할까요? 그것은 바로 비전이 구상 그 자체이기 때문입니다. 앞서 말했듯이 구상이 없으면 문제를 찾을 수 없습니다. 현대 사회에서 정답(솔루션)의 가치는 점점 떨어지고, 반대로 질 좋은 문제(어젠다)의 가치는 점점 올라가고 있습니다. 다시 말해, '문제를 만들기 위해서' 비전이 중요하다는 겁니다.

1987년 Apple은 'Knowledge Navigator'라는 제목의 영상을 발표했습니다. 이 영상은 가까운 미래에 컴퓨터가 어떻게 사람들의 지적 활동을 도와줄 것인가에 대한 '구상=비전'을 보여주기 위해 만들어졌습니다. 혹시 관심 있는 분이 있다면 지금도 유튜브에서 볼 수 있으니 한번 보시길 바랍니다.

이 영상을 보면, 네트워크로 연결된 데이터베이스, 태블릿 PC, 터치패널 입력, 음성에 의한 입력과 출력, 지식 검색, 화상 채팅 등 오늘날에 와서야 실현되고 있는 것이 이미 그 당시에 제시되었다는 사실에 놀라움을 금할 수 없습니다. 이 영상은 지금으로부터 30여 년 전에 만들어졌습니다. 당시 기업 중에서 30여 년 후 '컴퓨터와 사람이 어떻게 관계를 맺게 될 것인가'에 대해 이처럼 명확한 세계관을 가진 회사가 있었을까요.

　Apple이 이 영상으로 사람들에게 제시하려던 것은 바로 비전입니다. 이 비전을 실현하기 위해 많은 사람들이 하루하루 열심히 노력해 왔고, 덕분에 이 비전들은 오늘날 거의 실현되었습니다.

　이렇게 말하면, '대단하다! 30여 년 전에 현대 사회를 예측하다니!'라고 감탄하는 분도 계실 겁니다. 하지만 그것은 제대로 모르고 하는 말입니다. Apple은 '예측'을 한 게 아닙니다. 그들은 '이런 세상이 되었으면 좋겠다'라는 세계를 구상하고 영상으로 만들어서 회사 주주들에게 실현 가능한 비전으로 제시했던 겁니다.

　여기에서 주의 깊게 생각해야 할 것은 애플은 왜 '문서로 된 책자'가 아닌 영상이라는 표현방식으로 비전을 제시했는가 하는 점입니다. 많은 기업들이 '비전'이라 부르는 대부분의 내용을 '문서'로 제시하고 있는데, 왜 당시의 Apple은 '문서'로 비전을 제시하지 않고, 일부러 비용을 들여 영상이라고 하는 표현방식을 선택했을까요?

　가장 큰 이유는 '문자로 하면 반드시 과거를 반영하게 되기' 때문입니다. 문자는 개념을 기록하여 서술할 뿐이지만, 이 개념은 반드시 과거를 반영하게 됩니다. 그래서 '아직 아무도 보지 못한 것'을 글로 표현한다는 것은 불가능하다고 볼 수 있습니다. 당시 Apple이 구상하고 있던 것은 그때까지 봐왔던 '컴퓨터'가 아니라, 전혀 새로운 '물건'이었습니다. 이 전혀 새로운 구상과 세계관을 오해 없이, 그리고 효율적으로 여러 사람에게 전달하기 위해서 '영상'이라는 표현 형식은 필연적이었다고 할 수 있습니다.

이렇게 생각하면 현대 사회의 예술이나 디자인의 중요성을 다시 한번 깨닫게 됩니다. 다시 말해, 문제가 점차 줄어들고 있는 현대 사회에서는 우선 '세계관을 구상하는' 것이 무엇보다 중요하다는 겁니다. 그리고 그 세계관을 다른 이들에게 전달하기 위해서는 예술이나 디자인 같은 시각적인 표현이 매우 강력한 도구(tool)가 된다는 점입니다.

여러분은 나름의 '세계관'을 가지고 하루하루 일하고 계십니까?

여러분은 앞으로 다가올 세상이 어떤 모습이면 좋겠습니까?

현대 예술가인 Joseph Beuys는 세상에서 일하는 모든 사람은 '세계라는 작품을 제작하는 예술가다!'라고 했습니다. 바라건대 여러분도 Joseph Beuys의 말을 가슴에 담아 여러분 나름의 세계관을 가지고 하루하루를 열심히 살아가면 좋겠습니다.

차례

01
의미를 만든다

02
스토리를 만든다

03
미래를 만든다

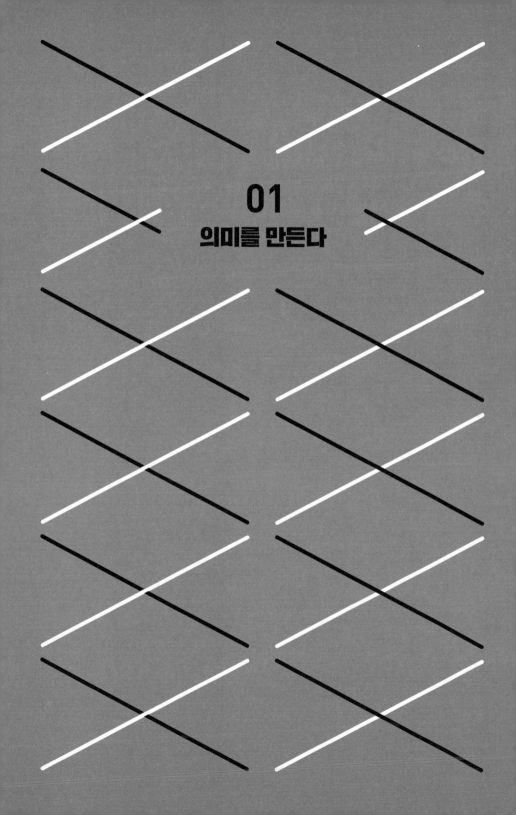

01
의미를 만든다

01

의미를 만든다

미래사회가 만들 '가치'란?

미즈노   야마구치 선생님과 대담하게 됐다는 소식을 들었을 때,
말할 수 없이 좋았지만, 한편으론 걱정이 앞선 것도 사
실입니다. 솔직히, 대담을 하는 게 아니라 선생님 말씀에
"네네, 맞아요!"라고 맞장구만 치고, 고개만 연신 끄덕이
는 게 아닐까 하는 생각도 들었거든요.^(웃음)

야마구치   별말씀을요! ^(웃음)

미즈노   차라리 독자 대표로 선생님께 배우는 콘셉트로 할까 고
민하다가, 문득 이번 기회를 통해 보여주실 선생님의 지

적 성과와 제가 컨설팅하는 회사 일이나 디자인 일을 하면서 쭉 생각했던 것이 어우러졌을 때 하나의 새로운 '답'이 탄생할 것 같은 생각이 들더군요. 이런 게 바로 '혁신'이겠지요.

　이 기회를 통해 어떤 혁신이나 변화가 일어난다면 굉장히 유익한 시간이 될 것 같습니다.

야마구치　대화를 통해 처음엔 생각지도 못했던 결과에 도달할 수 있다는 소크라테스 말처럼, 확실히 과거 많은 혁신은 한 명의 혁신가가 학업에만 정진하여 이루어냈다기보다는 오히려 활발한 논의를 통해 탄생했다고 볼 수 있습니다. 디자인과 브랜딩 업계에서 뛰어난 실적을 쌓아오신 미즈노 대표님과 함께 할 기회가 생겨서 저에게도 새로운 경험과 통찰의 기회가 되리라 생각하니 가슴이 두근거립니다.

미즈노　그럼 바로 질문 하나 드려도 될까요?(웃음) 앞으로 기업은 어떤 모습이어야 할지 여쭙고 싶습니다.

　먼저, 저를 NTT-Dokomo의 휴대전화 결제 서비스 프로젝트 'iD'라든가, 구마모토현의 캐릭터 '구마몬'의 디자이너로 알고 계실 겁니다. 하지만 사실 디자인, 브랜딩을 포함한 일종의 컨설팅 형태로 기업들과 일하는 경우가 많습니다. 최근에 일했던 철도사업하는 소테츠(SOTETSU) 그룹의 '브랜드 업 프로젝트' 같은 거죠.

이런 일을 하다 보니, 앞으로 기업은 어떻게 변해갈까라는 생각을 자주 하곤 합니다. 예를 들면 한때 경제력으로 세계를 주름잡았던 시절의 저력은 없어졌고, 현재는 GDP(국내 총생산)로 보면 2위 중국에 크게 뒤처지고 있으며, 2019년 국제 경쟁력 랭킹(세계경제포럼)도 5위에서 후퇴해 6위가 됐습니다. 그리고 대기업은 어느 회사를 막론하고 세계라는 무대에서 경쟁하기 어려운 게 현실입니다. 이런 상황에서 기업은 어떻게 해야 할까요?

야마구치 저는 줄곧 기업이 창출하는 가치란 과연 뭘까를 생각해왔습니다. 기업이 사회에 뭔가 가치를 제공하면 그 가치에 대한 대가를 받는 비즈니스의 기본 구조로 단순하게 생각하면, 기업의 상황이 악화된다는 것은 그 회사가 '사회에 가치를 제공할 수 없게 된다'라는 것을 의미하겠죠. 즉, 가치를 제공할 수 없게 되므로 대가도 받을 수 없게 된다는 겁니다.

미즈노 '우리가 잡아 온 매머드(구석기 시대) 고기를 줄 테니 당신이 가지고 있는 열매를 달라'라고 하던 시절부터 계속 이어져 오는 비즈니스 규칙이란 거겠죠? 물론 지금은 배를 채운다는 가치를 지닌 '매머드 고기'에 비하면 제공하는 가치들이 꽤나 복잡해졌지만요.

야마구치 그러네요. 매머드 고기는 배고프다는 문제를 해결하기
위해 제공되는 것으로, 이건 매슬로의 욕구 5단계 이론으
로 말하면 1단계 생리적 욕구입니다. 매슬로 욕구 5단계
이론은 생리적 욕구에서 시작해 안전 욕구, 소속과 사랑
욕구, 존중 욕구, 자기실현 욕구로 올라갑니다. 요즘 세상
에는 안전 욕구나 생리적 욕구는 완전히 충족되어 이미 포
화 상태이기 때문에 다양한 욕구 단계에 대응하는 비즈니
스가 큰 주목을 받고 있습니다. 이런 상황에서 사람들은
어떨 때 부족함을 느끼게 될까요?

달리 말하면, 지금 시대의 가치는 무엇인지 잘 생각해야
한다는 겁니다. 가치란 절대적인 것이 아니라 사회의 존
재 방식에 따라 달라지는 것이기 때문이죠. 적어도 생리
적 욕구만을 해결하기 위한 매머드 고기는 현대 비즈니
스의 가치가 될 리는 없을 거라고 봅니다.

여기서 우리가 생각해야 할 것은 지금 세상에서 무엇이
과잉이고, 무엇이 희소한지에 대한 것입니다. 당연한 말
이지만 넘쳐나는 물건의 가치는 떨어지고 부족한 물건의
가치는 올라갈 테니까요.

상품 과잉, 편리함 과잉, 정답 과잉

미즈노 확실히 공급이 과잉이면 고마운 마음이 사라지긴 합니

다. 예를 들어, 일주일에 한 번밖에 먹을 수 없다면 스테이크는 특별한 요리가 되지만, 매일같이 먹는다면 그저 그런 반찬에 불과하겠죠. 그렇게 비슷비슷한 것이 세상에 넘치면 가치도 떨어지고, 가격 또한 저절로 내려갈 겁니다.

옛날에는 갖고 싶은 것이 엄청 많았죠. 1960년대를 떠올려 봐도, 그때는 냉장고를 가진 집이 채 10%도 되지 않았을 때여서 다들 '냉장고가 있으면 좋겠다' '텔레비전이 갖고 싶다' 등 과잉은커녕 거의 모든 것이 절대적으로 부족한 상황이었습니다.

야마구치   지금은 사람들이 간절하게 원하는 물건을 찾기 쉽지 않은 세상이 됐습니다. 미즈노 대표님은 갖고 싶은 게 뭐냐고 물으면 어떨 것 같습니까.

미즈노   바로 대답하기 쉽지 않은데요. 저뿐만 아니라 많은 사람들이 그러지 않을까요.

야마구치   이건 분명 '문명의 승리'라고 할 수 있는 놀라운 일이긴 하지만, 비즈니스로 보면 참으로 곤란한 일이 아닐 수 없습니다. 우리는 '문제 = 곤란한 것'을 해결하기 위해 돈을 지불하고 물건이나 서비스를 구입하지만, 지금 세상에는 '문제=곤란한 것'이 거의 남아있지 않죠.

그 결과 발생한 것이 '정답의 과잉화'라는 문제입니다.

몇 안 남은 문제에 대해 너도나도 논리적으로 맞는 정답만 추구한 결과, 지금 같은 '정답의 과잉화' 문제가 생깁니다. 그 전형적인 예라고 할 수 있는 가전제품의 경우, 디자인이며 기능들이 어느 회사나 거의 비슷합니다. 이건 '모두가 정답에 도달했다'는 의미라고 봅니다.

미즈노   '정답의 과잉'. 정말 놀라운 말씀입니다. 백프로 공감합니다. 저도 강연할 때 각 브랜드의 TV가 늘어서 있는 슬라이드를 사용할 때가 있는데, 브랜드의 차이는 외관만 봐서는 정말 알 수가 없더군요.^(웃음)

야마구치   만약 가전은 하얀 바탕에 심플한 디자인이 정답이라면, 어느 회사나 다 똑같이 하얀색에 심플한 디자인이 나옵니다. 거기에서 벗어나 봐야 좋을 게 없을 것 같거든요. 그런데 '이 정답은 과연 무엇에 대한 정답인가?'라는 문제가 제기된 적은 거의 없는 것 같습니다. 말하자면 정답에 대한 고민은 없다는 겁니다.

미즈노   한 걸음 더 나아간, 앞으로의 가치는 무엇인가에 대해 깊이 있게 고려되지 않았다는 말씀이신 거죠. 기술이 진보해서 편리한 것은 계속 증가하고 있는데도 말입니다.

야마구치   맞습니다. 이를테면 '편리함의 과잉'이죠. 편리한 건 당연한 것이고, 이미 모든 게 편리하다 보니 고마운 것도 없고, 갖고 싶다는 욕구도 딱히 없죠. 그래서 오히려 일종의 불편이 요구되고 있습니다.

가까운 예로, 제가 사는 하야마의 이웃들 대부분은 벽난로를 사용하고 있습니다. 그런데 벽난로는 아시다시피 아주 불편합니다. 겨울이 오기 전에 대량의 장작을 사서 말려야 하고, 불을 피울 때도 불씨를 붙인 후에 서서히 키워야 합니다. 거기다 일단 불이 붙은 다음에도 계속 지켜보며 공기와 장작의 양을 적절하게 조절해야 하죠.

그런데도 다들 그걸 즐겁게 하고 있습니다. 11월에는 휴일마다 이집 저집에서 장작 패는 소리가 울려 퍼지는데, 기업 경영자나 병원 원장이 가족들 응원받아 가면서 땀을 삘삘 흘리고 있는 겁니다.

이건 일종의 '현대의 부정' 같은 거라고 생각합니다. "할아버지께서 산으로 나무하러 가시고...." 하는 건 옛날 이야기에나 나오는 건데 말이죠.

미즈노　그러네요. 편리함이 지나치게 넘친 나머지 불편함의 가치가 커지고 있네요.

야마구치　그렇습니다. 특히 20세기에 들어서자 전자기술과 컴퓨터가 괄목할 만한 발전을 하게 되어 일상생활에 존재하는 '생리적 욕구'와 '안전 욕구'는 충분히 충족되었습니다.

덕분에 매일 목욕을 할 수 있고, 따뜻한 방에서 추위를 피할 수 있고, 음식을 안전하게 보관할 수 있고, 비가 와도 젖을 걱정 없이 이동할 수도 있게 됐죠. 어쨌든 일상에 있는 여러 가지 불편을 해소하고 문제를 해결하기 위해 기술과 문명을 맘껏 이용해 왔습니다. 그 결과 지금 세상에는 편리함의 과잉으로 인해, 단독주택을 짓는다면 오히려 불편한 벽난로를 설치하고, 물을 끓일 때는 운치 있는 철제 주전자를 사용하고 싶어 하죠. 이처럼 불편함을 추구하는 발상이 계속 늘어나고 있습니다.

빈티지 자동차 가격이 올라가는 것도 같은 현상입니다. 70년대에 만들어진 공랭식 포르쉐 중고차 가격은 신차 포르쉐의 몇 배에 달합니다. 이 또한 벽난로와 마찬가지로 어떤 의미에서는 문명을 부정하는 것입니다. 엔지니어 입장에선 믿기 어려운 얘기겠지만 결코 드문 이야기가 아닙니다. 비슷한 예를 들자면, 재규어가 60년대 명차의 복원판으로 판매한 E-TYPE REBORN의 가격이 28만 5천 파운드가 넘는데도 판매 당일에 매진될 정도였습니다.

문명을 쫓아가는 문화

미즈노   지금 말씀하신 클래식 자동차는 편리함보다는 불편함에 더 높은 가격이 매겨지는 현상이네요. 이런 현상은 고가 명품을 비롯한 사치품 시장에서는 상당히 증가하고 있지만, 그래도 가전제품을 포함한 생활용품 시장에서는 아직 편리함을 중요시하고 있죠.

야마구치   거기에는 이유가 있습니다. 대부분의 업체는 세상에서 '지금 현재 불편하게 여기는 문제'를 발견한 다음, 거기에 맞는 해답을 제공함으로써 성장해왔다는 '강렬한 성공체험'이 있기 때문입니다. 파나소닉이 바로 그 대표적인 회사라고 봅니다. 하지만 마쓰시타 고노스케의 '수도 철학[*]'은 대량 생산을 전제로 하고 있으며, 이것은 매슬로의 욕구 5단계 연구 중 하층 문제에 접근했을 때 실현될 수 있는 경영 전략입니다. 왜냐하면 생리적 욕구는 인간의 기본적인 것으로 가장 보편적이라고도 할 수 있기 때문입니다. 찬물로는 손이 시려서 씻기 힘들다, 미지근한 맥주는 맛이 없다는 등의 불만은 보편적인 것이죠. 보편적이라는 것은 또 시장 규모가 크다는 의미이기도 해서 대량으로 만들 수 있습니다. 그래서 수도 철학이랑 잘 맞는 겁니다.

  그렇지만 조금 전에 언급했듯이 '공급 과잉은 가치를 하락'시키기 때문에 현재는 '편리함'의 가치가 하락하고 있는 것입니다. 20세기 때와는 '가치의 구조'가 완전히 달

---

* 질이 좋으며 값이 싼 제품을 수돗물처럼 부족함없이 충분하게 공급한다는 경영 이념.

라졌는데도 '가치의 인식'은 전혀 바뀌지 않고 있다 보니, 이미 가치가 없어진 것을 예전과 똑같이 추구한다면 수익이 나지 않는 게 당연하죠.

　이것은 성공체험이 낳은 오류입니다. 이미 가치가 없어진 상품이나 서비스를 예전 성공체험에 집착해 가치가 있는 것으로 착각하고 있다는 것은 아직도 공부가 덜 됐다고 할 수 있겠죠.

미즈노　요즘 저와 함께하는 업체들 문제가 바로 그겁니다. 편리한 것들은 이미 존재하고, 더 이상 편리하게 할 방법이 없다 보니 벽에 부딪힌 상태인 거죠.

야마구치　덧붙여 말씀드리면 '도움이 되는 뭔가를 지나치게 추구하지만 별 도움이 되지 않는' 경우도 종종 있습니다. 예를 들어 저희 집의 텔레비전 리모컨 버튼은 현재도 65개나 되지만, 머잖아 100개 정도로 늘어날지도 모르겠습니다.^(웃음)

　여기에서 중요한 것은 필요 없는 기능을 늘리기 위해 일하고 있다는 겁니다. 가족에게 물었더니 평소에 사용하는 건 4개 정도라고 하더군요. 다시 말해, 버튼 수가 10개쯤 됐을 때부터 이미 사용자는 그 메리트를 느끼지 못하게 된 겁니다. 고객은 메리트를 느끼지 못하니 돈을 더 내려고 하지 않는데, 기업은 버튼 수를 늘리기 위해 추가 비용을 들이고 있는 셈이죠. 계속 이런 식으로 가면, 언젠가는 수익이 생기지 않는 손익분기점에 도달하게 되겠죠.

현재 가전산업의 손익계산서를 보면, 몇 %의 적은 이익밖에 올리지 못하고 있습니다. 고객이 가치라고 느끼지 못하는 것에 비용을 들이고 있으니 당연한 결과라고 봅니다. 버튼 65개의 리모컨은 수익 구조를 악화시키는 딜레마의 상징이라고 말할 수 있습니다.

미즈노 노력의 방향성에 문제가 있다는 말씀이시네요.

야마구치 맞습니다. 그리고 노동생산성을 떨어뜨리는 문제에 대해서도 생각해봐야 합니다. 일본의 경우, 평균 노동시간은 약 1,700시간으로 독일의 1,300시간에 비하면 400시간 정도 많습니다. 한편 1인당 GDP는 어떨까요? 일본이 3.9만 달러인 데 비해 독일은 5만 달러에 가깝습니다. 결과적으로 노동생산성이 매우 낮아 그 순위는 미국이나 독일은 물론이고 스페인이나 이탈리아보다도 낮습니다.

이런 상황에서, 기업은 두 가지 가치 중 어느 하나를 전략적으로 선택해야 합니다. 바로 '필요를 충족시키는 가치'와 '의미가 있는 가치'입니다.

지금까지는 기업들이 줄곧 '필요를 충족시키는 가치'로 경쟁해 왔지만, 이제는 과잉 상태가 되고 말았죠. 대신 '의미를 담은 가치'는 희소한 상태입니다. 결국 '의미가 있다'는 것은 곧 '가치가 있다'라고 보는 시대가 된 겁니다.

미즈노　선생님의 저서 『뉴 타입의 시대』^(인플루엔설)에서도 말씀하셨던 거죠. 저도 그 책을 보며 지금 하신 말씀에 깊이 공감했거든요.

　　　15세기 중반 대항해시대의 시작과 함께 가장 먼저 문명이 발달하게 되면서, 전에는 상상도 못 했던 거리를 이동할 수 있게 되었고, 편리함과 기능이 우위에 서게 됩니다.

　　　그런 문명이 일정 수준까지 발달하자 문화가 그 뒤를 따르게 되죠. 그래서 16세기가 되면서 르네상스가 일어나고, 세계적인 문화의 시대가 열립니다. 그 뒤로 문화의 시대가 오랜 기간 지속된 후에 일어난 것이 18세기 후반의 산업 혁명입니다.

야마구치　완전한 근대화, 즉 문명의 대혁명이었죠.

미즈노　그리고 다시 문명을 뒤쫓아 문화의 시대를 알리는 미술공예운동^{<?>}이 일어났고, 그것은 지금도 꾸준히 지속되고 있는 것 같습니다. 문명이 먼저 발달했고 그 뒤를 문화가 따르며 확산되었죠. 역사가 그런 반복이라면, 지금은 다음 단계인 문명의 시기라고 할 수 있습니다.

←?→　19세기 후반 윌리엄 모리스를 중심으로 하여 영국에서 일어난 미술공예운동.

이것을 제3차 산업 혁명이라고 부르는 사람도 있고, 제4차라거나 디지털 혁명이라고 부르는 사람도 있지만, 저는 이것을 '인터넷 혁명'이라고 부릅니다.

그리고 인터넷의 등장으로 '문명'이 급물살을 탔다가 이제 정점에 가까워지고 있으니 머잖아 '문화'를 꽃피우기 시작할 것 같습니다.

'필요를 충족시키는' 시장

야마구치   일본의 경우, 미즈노 대표님께서 말씀하신 '문화와 문명' 중에, 지나온 과정을 보면 '문명'에 더 익숙한 조직 능력으로 B2B(Business to Business) 업무에 능숙한 기업이 많다고 봅니다. 예전에는 세상에 해결해야 할 다양한 문제가 있었기 때문에 B2B적인 '필요를 충족시키는' 능력은 B2C(Business to Customer) 시장에서도 그 가치가 충분히 발휘될 수 있었습니다. 파나소닉 같은 제조업체를 보면 쉽게 이해할 수 있죠. 눈앞에 있는 불편을 해결해 주는 '필요를 충족시키는' 제품을 만드는 것이 가치를 제공하는 최고의 방법이었으니까요.

하지만 지금 세상은 불편하다거나 사용하기 어렵다는 일반적인 문제가 대부분 해결되어 문명적으로는 더 이상 나아갈 곳이 없게 되었습니다. 그런 의미에서, 지금이 바로 대표님께서 말씀하신 문화가 등판할 차례입니다.

미즈노 그렇군요. 문명은 '필요를 충족시킨다'로, 문화는 '의미가 있다'로 바꾸어 말할 수 있겠네요. 그리고 기업은 '필요를 충족시킬 것'인지와 '의미를 담을 것'인지의 갈림길에 서 있다고 볼 수 있는 거네요.

야마구치 굳이 양극화시킨다면 조직의 능력은 '필요를 충족시킨다'와 '의미를 담는다' 이 두 종류밖에 없다고 봅니다. 이 상황에서 "우리는 어디까지나 '필요를 충족시키는' 길을 가겠다"라고 하는 회사도 있겠죠. 보통 그런 회사는 댐이나 도로, 인프라 산업 등 B2B 성격이 강한 일에 집중하게 됩니다. 왜냐하면 B2B 시장은 의미 있는 것보다 필요를 충족시키는 것에 더욱 큰 가치를 두고 있기 때문이죠. 가령 '이 댐의 발전효율'과 같은 충족시켜야 할 명확한 가치, 즉 '정답'이 있는 그런 시장입니다.

미즈노 옳은 말씀입니다. 저는 예전에 한 기업의 휴대전화 사업과 관련하여 일을 맡은 적이 있는데, 그때 그 기업이 B2C의 휴대전화 사업에서 철수하는 순간을 직접 경험했습니다. 담당하고 있던 프로젝트가 순식간에 없어졌죠. 그때 그 회사를 보면서 B2B로 옮겨 가는 상황을 직접 느꼈습니다.

야마구치   산업사의 귀중한 한 페이지를 당사자로서 목격한 셈이군
요.^(웃음)

'100m 경주'가 세계 기준이 된다면

미즈노   실제로 일을 함께하면서 느꼈지만, 기업들은 '필요를 충
족시키는' 가치가 포화 상태가 되더라도 '의미가 있는'
가치를 세상에 보여줄 능력도 충분하다고 생각합니다.
쉽게 말해 우리들이 직접 사용하는 물건을 만드는 것이
기 때문에 다양한 방법이 있을 거라고 보거든요. 그런데
문제는 '의미가 있는' 가치를 만들어본 경험이 없고, 조직
내에도 그런 토양이 없다는 것입니다.

야마구치   그 말씀에 공감합니다. '필요를 충족시키는 능력'은 논리
와 과학, 스킬에 의해 뒷받침됩니다. 즉, 정답이 있기 때
문에 하기 쉬운 겁니다. 시장조사를 통해 데이터를 뽑아
보면 '우선은 성능을 높여야 한다'라는 결론이 나오는 이
유도 그 때문입니다.

미즈노   제가 제일 싫어하는 시장조사.^(웃음) 시장조사만으로 좌지
우지되는 것은 정말 의미가 없다고 생각합니다.

야마구치　그래서 대표님은 '의미를 담는' 능력을 추구하시는 거겠
　　　　죠. '의미를 담기' 위해 뒷받침하는 것은 대표님 스타일로
　　　　표현하면 지식을 축적해서 만들어낸 센스이고, 제 나름
　　　　의 해석으로 말하면 '예술, 직감, 질의 향상'이라고 할 수
　　　　있을 것 같습니다. 그런데 이것은 난이도가 높다 보니 기
　　　　업들이 지레 포기하는 경우가 많습니다.

미즈노　그래서 B2B 시장으로 가버리는군요.

야마구치　그렇게 필요를 충족시키는 것만 추구하면, 비즈니스는
　　　　완전히 스포츠 세계처럼 되고 말 겁니다. 스포츠 세계의
　　　　비즈니스 특징은 '성과를 측정하는 기준이 간단해서 수
　　　　치화가 가능하다'는 것입니다. IC칩이라면 계산능력과
　　　　코스트, 발전기라면 발전효율과 코스트, 자동차라면 연
　　　　비와 가격을 기준으로 하겠죠. 이런 특징을 가진 비즈니
　　　　스는 1등이 모든 것을 차지하게 됩니다. 제일 쉬운 예가
　　　　100m 단거리 선수입니다. 만약 누가 1등이냐고 물으면
　　　　누구나 잘 아는 "우사인 볼트[7]"라고 답하겠지만, "3등은
　　　　누구죠?"라고 물으면 아는 사람이 아무도 없습니다. 정
　　　　말 최고의 선수일 텐데도 그런 걸 어떻게 알겠냐는 반응

───────────

←?→　　자메이카 출신의 전 육상선수(단거리). 베이징 올림픽, 런던 올림픽, 리오 데 자네이루 올림픽
　　　　금메달리스트.

이죠. 그런데 그게 '세계 3위'입니다. 아무리 생각해도 대단한 일인데, 아무도 기억하지 못합니다. 다시 말해서, 스포츠 세계는 극단적인 '영광의 상위 독점' 사태가 벌어진다는 겁니다. '필요를 충족시키는 가치'만 추구하는 비즈니스는 스포츠 세계처럼 상위권에 드는지에 따라 극단적인 수입 격차가 생길 수밖에 없습니다.

미즈노 그렇죠. 게다가 인프라 같은 국내로 한정된 비즈니스라면 필요를 충족시키는 것만으로 국내 최고 기업이 될 수도 있겠지만, 글로벌 비즈니스에서는 그게 쉽지 않을 겁니다. 네트워크 쪽은 특히 더 어렵겠죠.

  SNS를 보면, 한때 일본에서는 믹시가 독보적이었는데, 트위터, 페이스북, 인스타그램이 들어오고부터는 믹시가 없어진 것은 아니지만…. (쓴웃음)

야마구치 사실상 존재감은 없어졌다고 말할 수 있겠죠.

미즈노 네. 그리고 믹시는 결국 다른 비즈니스로 전환했고, 믹시와 같은 상황은 앞으로도 발생할 가능성이 여전히 남아 있습니다. 지금 메르카리 (중고거래 플랫폼)는 야후나 락텐과 비교해도 경쟁력이 있지만, 만약 Amazon이나 Google이 중고 직거래 사업에 진출한다면 믹시 같은 상황이 오지 않을 거란 보장은 할 수 없습니다.

야마구치　Google은 '필요를 충족시키는' 시장의 선두 주자니까요. Google의 점유율은 이미 세계에서 90%를 넘었죠. 어떻게 보면, 이 시장에서 유일무이한 세계 최강입니다.

미즈노　네트워크 업계의 우사인 볼트인 거네요?^(웃음) 경쟁이 치열했던 국내 QR코드 결제도 야후^(PayPay)와 LINE^(LINE Pay)의 통합으로 싹 정리돼 버렸죠. 역시 1위가 최강!

'상품'의 시대

야마구치　'필요를 충족시키는' 경쟁에서 지역 산업은 의외로 잘 버텨내고 있습니다. 대표적인 것은 운반비용이 많이 드는 산업이죠. 예를 들면, 유리나 도자기 같은 무겁고 부피가 큰 상품은 제품 단가에 비해 운반비용이 상대적으로 많이 들어가게 됩니다. 그래서 '해당 지역에서 만들어 판매하는 편이 좋다'라고 판단하기 때문에 분산화되어 있습니다.

미즈노　그런 점에서 보면 네트워크 산업이 가장 힘들 것 같습니다. 운반 대상이 전자이기 때문에 물리적으로 가장 가벼우니까요.

야마구치 자동차나 가전제품은, '운반비용이 많이 들어' 국내 생산하는 유리산업과 '운반비용이 거의 제로'인 네트워크 산업의 중간에 위치한다고 봅니다. 그래서 아직 각 나라 기업들이 어느 정도 살아남을 여지가 있는 것이고, 덕분에 Google만큼의 독식이 발생하지 않는 거겠죠.

스포츠를 하나 더 예로 들어 볼까요. 일본 프로야구 선수 중 1군에 등록된 선수가 한 300명 정돕니다. 그들은 충분히 먹고살 만합니다. 아니, 제법 윤택한 생활을 누리고 있죠.

미즈노 확실히 100m 단거리 선수는 세계 랭킹 100위라도 먹고 살기가 힘든데, 국내에서 300명이라니 대단하네요. 경기 자체의 인기 때문만은 아닐 것 같은데, 그 차이가 뭐라고 보십니까?

야마구치 야구 선수는 단거리 육상 선수와 비교하면, 기준이 훨씬 복잡하기 때문이라고 봅니다. 단순한 공격과 수비 외에도, 공은 잘 치지만 달리기가 안 된다거나, 타격은 그저 그렇지만 수비가 대단하다거나 하는 등 다양한 조합으로 선수 각자의 가치를 인정하는 방법도 있습니다. 즉, 기준이 복잡하면 할수록 상위권에 드는 인원이 증가하게 된다고 생각합니다.

다시 비즈니스 이야기로 돌아와서, B2B 성격이 강한 시

장은 아주 뚜렷한 KPI(Key Performance Indicator, 중요업적평가지표)가 정해
져 있기 때문에 기준이 아주 간단합니다. 그래서 1등의
독주가 가능한 거죠. 하지만 세계적으로 치열한 경쟁을
해서 '인공지능으로 Amazon과 승부'를 내겠다고 하면,
기업이 '필요를 충족시키는' 가치로 경쟁하는 것은 상당
히 힘들 거라 봅니다.

미즈노   세계를 상대로 '필요를 충족시키는' 싸움을 한다면, 1위
가 싹쓸이하는 치열한 경쟁을 계속하기 위한 엄청난 '체
력'이 필요하겠네요.
    그렇다면 기업은 과연 어떻게 해야 할까요. 저는 역시
문명이 아니라 문화로 갈 수밖에 없다고 생각합니다.

야마구치   저 역시도 분명히 문화로 옮겨갈 거라고 봅니다. 무엇보
다 문명만으로는 즐거움이 없습니다.
    아직도 문명의 가치를 추구해서 B2B 비즈니스로 전환
하는 기업도 있고, 앞으로 성장해갈 개발도상국처럼 아
직 불편함이 남아 있는 나라로 시장을 옮겨가는 기업도
있습니다. 과거에 성공했던 '필요를 충족시키는 비즈니
스'를 장소만 바꿔서 다시 한번 시도하는 겁니다. 성공 드
라마의 재현이니만큼 여기에도 역시 정답이 있겠죠. 같
은 방식으로 사업을 반복하는 만큼 즐거움이 있을지는
의문이지만요.

의미가 있는 가치를 추구한다면 일은 확실히 즐거움이 생깁니다. 즐거움이라는 개념은 아주 중요합니다. 특히 B2C에서 소비자에게 직접 상품을 판매한다면, 즐거움은 필수입니다.

미즈노　최근 5년 동안 '상품만 사던 시대에서 상품의 가치까지 사는 시대'로 바뀌고 있다는 말이 자주 사용되고 있습니다. 다시 말해, 상품의 보이는 기능만 사지 않고, 상품을 통해 얻을 수 있는 보이지 않는 가치까지 산다는 겁니다. 하지만 이런 상황에서, B2C에서 B2B로 업무 방식을 바꾸는 기업이 아직 많은 것도 현실입니다. 그래서 저는 '계속해오던 것처럼 안이하게 한다면 순식간에 무너지고 만다. 지금이야말로 진정한 상품의 시대다!'라고 주장하고 있긴 합니다.(웃음)

야마구치　맞습니다. 말씀하신 대로입니다.

미즈노　하지만 '상품의 시대'라고 스스로 단언하면서도 왜 그런지 말로 표현하기가 쉽지 않았습니다. 이번에 선생님 말씀을 들으면서 '진정한 상품의 시대'라는 근거를 얻고 확신이 생겼습니다. '의미가 있는 상품' 자체가 존재하지 않는다면 상품의 가치까지 산다는 가치소비는 애초에 만들어 질 수 없을 테니까요.

'문명의 세계'에서 벼락부자 되다

야마구치   세계사적으로 보면, 문명은 이미 발달할 만큼 발달한 터라 경제에 의존해서 해결해야 하는 문제는 이제 거의 사라졌다고 볼 수 있습니다. 물론 세계에는 난치병으로 고생하는 사람도 있고, 빈곤과 아동학대 같은 경제 시스템 밖에 존재하는 큰 문제들이 남아있긴 합니다.

   특히 일본은 메이지 유신 이후 오로지 '필요를 충족시키는 가치'를 이용한 문제 해결법만 추구해 왔습니다.

   음악으로 치면 최종악장까지 온 것이 1980년대입니다. 미국 사회학자 에즈라 보겔의 베스트셀러 『Japan as Number One』이 출판된 해가 1979년입니다. 그 후 1985년 플라자 합의^(엔화 강제 절상) 시점에 경제 강국으로 인정받게 된 셈입니다. 그때까지 문명을 가르쳐온 스승에게 "너는 나를 뛰어넘었다"는 말을 듣게 된 거죠.

미즈노   '문명이라는 학교'에서 일본이라는 학생이 미국이라는 스승에게 '청출어람'의 칭찬을 받은 상황이네요.

야마구치   그렇죠. 이를테면 플라자 합의가 문명의 졸업식이었다고 할 수 있겠죠. 그때가 문명에서 문화로 옮길 좋은 타이밍이었는데, 좀 아쉬운 부분입니다. 결국 지향할 본보기가 사라져버린 시점에서, 줄 끊어진 연처럼 갈 곳을 모르고 표류하기 시작합니다. 그렇게 30년을 잃어버리게 된 거라고 할 수 있죠.

미즈노 그렇게 경제의 '파워'도 점점 사그라들었죠.

야마구치 문명이라는 '필요를 충족시키는 세계'에는 이미 미래가 없다는 걸 알면서도, 문화라고 하는 '의미가 있는 세계'로는 두려워서 가지 못하는 겁니다. 하지만 우물쭈물하다 보면, 결국 '쓸모없고 의미도 없는' 존재가 되어 가치를 완전히 상실하게 되는 거죠. 과거에 그렇게 빛을 발했던 일본의 가전제품 기업들도 산요전기를 시작으로 파산에 이르는 기업들이 끊이지 않고 있는 것처럼요. 그 배경에는 '필요를 충족시키는 것에서 의미가 있는 것'으로 바뀌는 가치의 변화에 대응하지 못한 문제가 있다고 봅니다.

미즈노 일전에 아가와 사와코 작가, 야마자키 마리 작가와 함께 이야기를 나눈 적이 있는데, 그때 '일본은 벼락부자 같은 측면이 있다'라는 말을 들었던 기억이 있습니다.

　아가와 작가는 해외에 거주한 적도 있고, 언제나 객관적인 시점으로 다양한 이야기를 하시는 분입니다. 야마자키 작가는 『테르마이 로마이』로 유명한 만화가이시며, 다양한 방면의 지식도 풍부하시죠. 특히 10대 때 그림 공부를 위해 이탈리아로 건너가 유럽에 대해서도 잘 알고 계십니다.

요컨대 근대 이후의 일본은 서양의 돈과 문화 그리고 사고방식까지 물밀듯이 들어오면서 벼락부자가 됐다는 겁니다. 하지만 그것으로 문명을 발전시켜 세계 일류와 어깨를 나란히 했다고 생각했지만, 실은 지식도 없었고 매너도 갖추지 못했습니다. 일류 장인이 만든 턱시도를 입고 있지만, 왜 그것을 입어야 하는지 그 의미조차 모르고 있다는 느낌이죠. 눈 깜짝할 사이에 벼락부자가 되어 문화 수준이 따라가지 못한 겁니다.

그래서 어쩔 수 없이 문명의 세계, 즉 의미는 몰라도 어느 정도 성과를 냈는지 명확히 알 수 있는 스포츠 세계 같은 잣대로 승부를 낼 수밖에 없었습니다.

자동차의 '의미'는 유럽 귀족 문화에서 출발했다

야마구치   아가와 사와코, 야마자키 마리 그리고 미즈노 대표님. 굉장한 멤버가 모였었군요. 지금 말씀을 들으니 자동차 이야기도 비슷한 의미가 될 수 있을 것 같습니다.

미즈노   자동차 업계 말씀이세요?

야마구치   아니요, 지금의 자동차 업계가 아닌 시대를 좀 거슬러 올라간 19세기 이야기입니다. 자동차에는 쿠페, 세단, 카브리올레 등 차체의 타입을 표현하는 말이 있는데, 그게 원래는 프랑스어로 마차의 종류를 나타내는 말입니다. 그것에 대해 가시마 시게루가 『마차를 사고 싶다』라는 책에 쓴 적이 있습니다.

미즈노   19세기 파리의 사회풍속을 소설 주인공을 통해 보여준 작품이죠?

야마구치   맞습니다. 그 책에서는 발자크의 소설 『고리오 영감』이 거론되고 있습니다. 『고리오 영감』의 주인공 라스티냐크는 야심이 넘치는 남자로, 성공을 꿈꾸며 시골에서 파리로 상경하죠. 가족은 '없는 돈을 모아 너에게 투자했으니, 열심히 해서 성공해야 한다'라고 신신당부합니다. 지금 돈으로 환산하면 백만 엔이 넘는 큰돈을 일종의 투자금으로 사용한 셈이죠.

  당시 파리에서 성공하려면 먼저 사교계에 이름을 알리고, 상류층 마담 마음에 드는 것이 관건이었습니다. 당시는 불륜도 너그럽게 허용되던 시절이라, 청년들이 노리는 것은 친해진 마담이 남편에게 자신을 추천하여 좋은 직장을 가지게 되는 거였죠. 그래서 마담에게 잘 보이려고 최고급 정장 한 벌은 장만하지만, 마차는 너무 비싸서 도저히 살 엄두조차 내지 못했습니다.

미즈노 지금으로 말하면 "멋진 여성의 환심을 사기 위해 해리슨 테일러 정장 한 벌 맞춰 입고, 고급 세단까지 갖추면 딱인데!" 뭐 이런 느낌이랄까요?^(웃음) 지금도 옷은 할부로 살 수 있겠지만, 고급 세단은 좀 무리겠네요.

야마구치 당시의 청년들이 마차를 갖고 싶어 했던 이유를 극단적으로 말하면, 마차가 러브호텔이었기 때문입니다. 마담과 함께 마차로 샹젤리제에 외출했다가 잠깐 교외에 마차를 세웁니다. 마차 뒷좌석에는 밖에서 보이지 않는 비밀의 방이 딸려있어서 잠시 거기서…. 이렇게 되는 거죠.
　바로 그 마차의 종류가 자동차 차체를 표현한 쿠페, 카브리올레입니다. 마차는 귀족 문화의 한 부분으로, 일종의 패션처럼 여겨져서 처음부터 기능적인 것은 중요하지 않았습니다. 극적인 예를 들었지만, 유럽의 자동차는 귀족 문화의 연장선상에 있다고 할 수 있습니다.

미즈노 그랬군요. 출발점이 전혀 다르네요. 일반적인 자동차는 이동을 위한 '필요를 충족시키는' 수단이라고 할 수 있으니까요.

야마구치 네, 맞습니다. 자동차라는 상품이 탄생하게 된 배경 자체가 전혀 다릅니다. 자동차 회사들이 지금에서야 열심히 문화를 쫓아가려고 하고 있지만 잘 안되고 있죠.

반면 유럽은 세대를 넘어 계속 이어져 오는 귀족 문화를 지금도 가지고 있습니다. 예를 들면, 페라리를 디자인 한 피닌파리나 같은 디자인 회사를 총칭해서 '카로체리아'라고 부르는데, '카로체리아'는 이탈리아어로 '고급마차·마차 공방'을 뜻하거든요.

Nissan과 Google의 결정적인 차이점

미즈노 종종 느끼는 것이지만, 일본인들은 영어로 된 문자를 좋아하는 경향이 있는 것 같습니다. 저희 회사 이름도 '굿디자인컴퍼니'이고, 자동차 회사들도 새 차를 출시할 때 영문 이름을 자주 사용하죠. 그런데 문제는 그 외래어 뜻과 거기에 담긴 진정한 의미를 알고 있는 경우가 많지 않다는 겁니다. 자동차의 출발점이 마차였던 문화를 몰랐던 것처럼 말이죠.

예를 들어 대부분의 로고 타입^(문자 로고)은 기존 서체를 베이스로 해서 디자인합니다. 그런데 자사 로고가 어떤 서체를 베이스로 하고 있는지에 대해 아는 사람이 별로 없습니다. 임원들도 마찬가지입니다. 하지만 서양 문자의 서체에는 그 역사와 성립 배경 그리고 적합한 용도를 모르면 이상하게 사용하는 경우가 생기게 됩니다.

제가 유럽에서 일본어로 쓰인 음식점 간판이 괴기 미스

터리에 사용할 만한 공포스러운 서체로 '라멘집!!!'이라고 써진 간판을 보며 놀란 경험이 있습니다. 또 이상한 서체의 한자로 타투를 한 외국인을 보고 "허허 참 별..." 하고 혀를 찬 적도 있습니다.^(웃음)

야마구치　거기다 한자 자체도 틀렸다고 생각해 보세요.^(웃음)

미즈노　그와 비슷한 실수를 비즈니스에서도 하고 있을 가능성이 있습니다. 마차의 문화를 모른 채 그저 단순히 멋진 차를 만들기 위해 겉으로만 열중해 온 것처럼 일본의 겉핥기식 외래어 사용법은 나쁜 의미에서 일본답다고 할 수 있겠죠. 역시 역사나 문화적 배경을 안다는 건 중요합니다.

　그런데 자동차는 세계 여러 나라에서 그렇게 많이 팔리는데도, 페라리 같은 브랜드 가치를 가지고 있는 자동차는 별로 없습니다. '좁은 나라에서 페라리를 타봤자 소용없기 때문'이라고 말하는 사람들도 있지만, 이탈리아도 국토 면적은 그렇게 넓지 않습니다.

야마구치　오히려 일본보다 좁죠.^(웃음)

미즈노　더구나 조그만 돌들이 깔린 길도 많아서 달리기도 어렵습니다.^(웃음)

　국토 크기는 별 차이가 없지만, 유럽 자동차에는 브랜드 가치가 있는데 일본 자동차에는 브랜드 가치가가 없는 이유 중 하나로 좀 전에 선생님께서 말씀하신 내용. 즉, 일본 자동차 업체는 역사나 문화를 생각하지 않고 기능이나 문명 쪽에만 무게를 둔 탓에 진정한 아름다움을 창조하지 못했기 때문이라고 생각합니다.

그리고 저는 또 하나의 이유가 있다고 보는데, 그건 자동차 엠블럼은 거의 이니셜을 사용하고 있다는 겁니다.

야마구치 정말 그렇군요. T라든가 S라든가 H라든가.

미즈노 이니셜을 쓰지 않는 회사는 스바루와 미쓰비시 정도입니다. 저는 렉서스를 좋아해서 멋진 차라고 생각하지만, 렉서스의 엠블럼 'L'을 보면 미안하지만 가타카나 '레⁽ㄴ⁾'자로 보이기도 하거든요.

야마구치 시마무라 양복점 '시⁽ㄴ⁾'자로도 보이는데요.⁽웃음⁾

미즈노 이 이야기를 하면 자동차 회사 사람들은 매우 싫어하겠지만,⁽웃음⁾ 솔직히 브랜드 가치가 높아지지 않는 굉장히 중요한 문제라고 봅니다.

유럽과 미국 자동차는 엠블럼에 이니셜을 그대로 사용하는 곳이 많지 않습니다. 폭스바겐은 'V W'를 사용하지만, 그래도 2개 문자를 조합해서 디자인한 마크입니다.

나머지는 대체로 글자가 아니라 동물이나 방패를 사용합니다.

그러나 일본 자동차 회사들은 엠블럼을 결정하는 과정에서 의미를 정의하지 못하기 때문에 결국 글자에 의지할 수밖에 없었을 겁니다.

예를 들어 회의에서 동물 엠블럼을 제안하면, 회의는 '왜 우리가 독수리죠?' '표범은 동물인데 차하고 무슨 상관이죠?' 같은 말로 넘쳐날 겁니다. 그에 비해 이니셜은 납득하기가 무척 쉽거든요.

야마구치 '혼다(HONDA)니까 H'라는 건 쉽게 이해되네요. 'NISSAN'은 아예 이름 그대로죠.

미즈노 하지만 그거야말로 브랜드화되지 못하는 이유라고 생각합니다. 외국인들이 봤을 때 문자는 촌스러울 수도 있겠다 싶거든요.

입장을 바꿔 생각하면 이해가 쉽습니다. 만약 우리가 서양 문자를 멋있다고 생각하는 것처럼 한자를 멋있다고 생각하는 나라에서, 'MIZUNO'란 회사가 만든 자동차에 한자로 '水野'라는 엠블럼을 붙인다면....(웃음)

야마구치 첫 글자를 따서 '水'라고 할 수도 있겠군요. 만약 'YAMAGUCHI'라면 '山口'니까 '山'이 되겠네요.(웃음)

미즈노 '水'나 '山' 하니까 무슨 암호 같네요.^(웃음) '水'라고 적힌 T셔츠를 노벨티^(Novelty,홍보용 사은품)로 나눠준다고 생각하면, 꼭 무슨 게임 벌칙 같기도 합니다.

야마구치 언어에 대한 식별 능력이 부족한 사람이 보면 단순한 무늬지만, 반대로 어느 정도 능력이 있는 사람이 보면 의미를 분명히 알 수 있을 테니까요.

　특히 유럽의 문장(紋章)에는 하나하나의 모양에 반드시 의미가 담겨있습니다. 예컨대 자동차 알파 로메오의 엠블럼은 많은 정보를 담고 있죠.

미즈노 뱀이 사람을 먹는 모양이어서 자세히 보면 좀 무서운 느낌도 들더군요.^(웃음)

야마구치 그건 원래 밀라노를 통치한 비스콘티가 문장이고, 15세기에는 밀라노시의 심벌마크이기도 했습니다. 그래서 예전 알파 로메오 엠블럼에는 「MILANO」라는 문자가 들어간 적도 있었습니다.

　뱀은 십자군으로 싸운 비스콘티 가문을 표현하고, 뱀이 삼킨 사람은 사라센인으로 당시 유럽을 공격해온 이슬람교도들입니다. 역사, 귀족의 브랜드, 도시국가였던 밀라노에 대한 향토애, '적을 물리치고 영토를 지켰다'는 자부심까지 그 모든 것을 엠블럼 하나로 말하고 있는 겁니다.

그리고 보면 역시 슈퍼맨의 'S'는 지금 생각해도 미묘한 것 같습니다. 밑도 끝도 없이 참 단순하거든요. 어렸을 때는 '혹성 크립톤에도 알파벳이 있나?'라는 의문을 가지기도 했죠.(웃음)

반면 일본은 자동차의 엠블럼뿐만 아니라 모든 것이 기능이나 장점을 요란하게 설명하는 경향이 있습니다.

미즈노 저희 회사 굿디자인컴퍼니라는 이름도 좀 그런 편이긴 합니다.(웃음) 사실, 본래 뜻이 디자인으로 세상을 좋게 만든다 라는 의미이지만, 어떻게 보면 기능을 표현한 회사명이거든요.(웃음)

야마구치 굿디자인컴퍼니는 디자인 관련 회사일거라 추측하겠지만, 닛산 자동차(Nissan)는 글자 그대로 '일본에서 만든 자동차'라는 뜻입니다. 누구나 알 수 있는 이름이죠.

미즈노 왜 그렇게 경직되어 있을까요?

야마구치 일본 회사의 특성을 나타내고 있는 것이 아닐까요. 기능을 그대로 회사명에 드러내면, 공감대를 형성하기 쉬울 테니까요.

그런 점에서 보면, 미국에는 회사명만 봐서는 어떤 회사인지 알기 어려운 곳이 많습니다. 그중 가장 좋은 예인 'Google'은 아주 독특한 이름이라고 할 수 있죠. 스펠링 실수를 그대로 사용한 경우인데, 원래는 검색 엔진을 만들 때 1 뒤에 0이 100개 늘어선 숫자를 나타내는 'Googol'이라는 도메인을 등록하려 했다고 합니다. 그런데 그만 실수로 'Google'이 돼버린 거죠. 게다가 googol이라는 도메인은 이미 다른 데가 사용하고 있어서 회사명도 장난기가 물씬 풍기는 'Google'을 그대로 사용하게 된 겁니다.

미즈노   Amazon도 신비로운 이름이죠. 미국이 회사명을 짓는 방법은 디자이너 입장에서 보면 정말 괜찮아 보입니다.

전선으로 갈라진 미의식

야마구치   저는 미즈노 대표님처럼 전문 디자이너는 아니지만, 서체를 포함한 디자인과 문화의 결합을 보면 비슷한 느낌을 받습니다. 특히 놀라운 건 와인 라벨입니다. 그렇게 값비싼 것도 아닌 중간급 프랑스 와인의 라벨만 보더라도, 만든 사람의 이름은 물론, 최초의 연도를 표기한 로마 숫자의 폰트나 자간 등 레이아웃을 보면 정말 '완벽 그 자체'라는 느낌이 들 정도입니다. 와인을 지금처럼 병에 담게 된 것은 17세기쯤이라고 하는데, 그 당시에는 디자이너라는 직업이 없었죠. 와인 제조가나 디자인 전문교육을 받은 적 없는 사람들이 그런 완벽한 디자인을 만들어 낸 겁니다.

그리고 피렌체의 두오모 대성당 벽에는 문장(가문이나 단체의 역사 또는 권위 등을 상징)들이 엄청 많이 그려져 있고, 그 각각의 문장이 라틴어, 로마 숫자 그리고 이미지로 완벽하게 레이아웃 되어 있습니다. 그것을 보고 있으면 왠지 모를 좌절감이 밀려들죠.

한편, 음력 4월 초파일 석가탄신일에 교토 지온인 삼문에 걸린 큼지막한 현수막은 정말 대단합니다. 목재의 색바랜 검은색과 회색 포석이 깔린 흑백의 삼문을 배경으로 대담하게 흰색으로 칠한 무늬가 있는 거대한 자주색 현수막이 바람에 나부끼는 것을 보면 완벽하다는 말밖에 달리 할 말이 없을 정돕니다. 그런데 이런 감성과 미의식이 왜 제품의 로고나 디자인에는 반영이 안 되는지 참 의아할 뿐입니다.

미즈노 맞습니다. 16세기에는 세련됨의 결정체라 할 수 있는 림파의 작품이 탄생했고, 문화로서 절정에 달했던 '간소함 속의 한적한 정취'를 담아낸 '와비, 사비'라는 미의식도 있습니다. 그걸 보면 세계에서 뒤처지는 편이 아니었는데 말이죠.

지금은 왜 이렇게 된 걸까요. 전쟁에서 패했기 때문인

지, 아니면 페리에 의한 개국 통상 때문인지 어딘가에 '서양 문화에 졌다'라며 미적 감성이 깨진 분기점이 있는 게 분명합니다. 그때부터 감기에 걸린 듯한 상태가 지속되고 있는 것 같습니다.

야마구치 서양 건축의 미래가 막막하던 20세기 초반, 독일의 건축가 브루노 타우트는 가쓰라 이궁을 방문하고 크게 감명받았다고 합니다. 마치 판스워스 저택처럼 미니멀한 장식과 공중에 뜬 격자무늬로 정리된 심플한 면의 구성은 타우트에게 많은 영감을 주었을지도 모르겠습니다. 전쟁에 패배한 일본은 서양 역사를 뒤쫓기 바빴지만, 이미 목적지에 도달한 서양은 과거에서 다시 나아갈 미래를 찾으며 문화를 꽃피우고 있었습니다.

미즈노 판스워스 저택은 미스 반 데어 로에*가 설계한 1950년대 개인 저택이죠. 히메지 성도 가쓰라 이궁도 16세기 후반에서 17세기 무렵의 문화라서 서양 문화에 영향을 미쳤다고 하기에는 좀 먼 옛날이긴 합니다.(웃음)

---

* 독일 태생의 건축가. 근대 건축 양식을 대표하는 한 사람. 유리로 고층 건물을 짓는 안을 발표함. 바우하우스 마지막 교장을 역임했다.

야마구치 제가 최근 선진 7개국 수도의 전신주와 전선의 지중화율이 거의 100%라는 사실에 정말 놀랐습니다. 더구나 파리와 런던은 이미 1930년대에 지하에 매설해 버렸다고 하더군요. 반면 일본의 전신주와 전선의 지중화율은 고작해야 20% 전후이고, 선진 7개국 중에서는 단연 최하위입니다.

　일본인의 미의식을 높게 평가하는 사람이 많다고 하는데, 실제로는 그렇지도 않은 것 같습니다. 흉물스러운 전선이 머리 위를 어지럽게 가로지르고 있어도 아무렇지도 않아 하는 것을 보면 말이죠.

미즈노 전선 때문에 망가진 풍경이 도대체 얼마나 될까요. 하늘이 저 검은 선들로 갈라져 있는 셈이니....

야마구치 '전선은 예쁘다, 전봇대는 멋지다. 문화로 보전하자'라고 말하는 사람은 아마 없겠죠?(웃음) 마찬가지로 1930년대 파리와 런던에서도 아마 '이런 건 묻어버리자!'라는 주장들이 있어서 곧바로 시행했을 겁니다.

미즈노 도쿄에서도 니혼바시 인근의 고속도로 지하화 계획이 나왔는데, 비교적 최근에 나온 뉴스입니다.

야마구치 1964년 도쿄올림픽 때, 외국인이 몰려올 것을 대비해 하네다와 요코하마에서 도심까지 쉽게 이동하기 위해 만들었던 그 고속도로입니다.

당시에 토지를 매입하려면 시간이 많이 걸리고, 지하로 고속도로를 만들려면 돈도 더 많이 들기 때문에 '강 위로 고속도로를 만들자', '강을 메워 버리자' 등 격한 움직임이 일었고, 결국 지금의 도쿄 풍경이 만들어지게 되었죠. 도쿄만큼 강가 풍경이 아름답지 않은 나라는 선진국 중에 아마 없을 겁니다.

결국 도쿄라는 도시 자체가 '필요를 충족시키는' 것을 지향한 결과로 만들어진 산물인 셈입니다. 인프라와 편리함을 중시하고 문화를 소홀히 했던 것이 1950년대부터 1980년대까지 30년 정도라고 생각합니다. 전선이나 고속도로 때문에 가쓰라 이궁과 같은 미의식은 완전히 묻혀 버리고 말았죠.

미즈노 현대 사회 모습과 완전히 똑같네요. 야마구치 선생님의 저서에도 자세하게 나와 있지만, 그야말로 '아재*' 사상이네요.

야마구치 그렇군요, '아재 사상'.⁽ᵂᵉⁿᵏᵉⁿ⁾(웃음)

---

* 낡은 가치관이나 성공체험에 얽매여 배우는 자세를 잃어버린 사람을 가리킨다.

편리함을 버리는 용기와 판단하는 용기

야마구치   아재 사상을 버리지 못하는 데에는 용기의 문제도 있다
고 봅니다. 원래 뭔가 제안할 때는 쉽게 이해할 수 있는
자료와 근거를 들어 이번 제안이 최선의 결정이라는 것
을 설명해야 하는 어려움도 뒤따르게 되죠.

미즈노   프레젠테이션이나 기획안에는 반드시 따라다니는 문제
라고 할 수 있겠죠.

야마구치   맞습니다. 가령 새로운 타입의 신칸센 도입을 제안할 때,
제안의 이유를 "지금까지 2시간 반 걸렸던 도쿄~오사카
를 1시간으로 단축할 수 있다"라고 설명하면, 그 가치는
수치화되어 있어서 누구나 쉽게 납득할 겁니다. 그러면
자연스럽게 만장일치가 되어 '도입하자' 쪽으로 정해질
테고, 적어도 제안하는 사람이 '도입'을 주장하는 데 있어
용기는 필요 없을 겁니다.

미즈노   맞는 말씀이세요.

야마구치   그런데 고속도로 지하화를 제안할 경우에는 설명이 까다
로워집니다. 수송 효율이 얼마나 향상되는지처럼 수치로
나타내거나 편리함을 명확하게 제시할 수 없기 때문이죠.

거기다 어떤 장점이 있는지 물어본다면, 이유로 들 수 있는 것은 고작 미관이나 전통뿐입니다. '니혼바시는 우키요에(일본의 전통적 풍속화)에도 곧잘 등장하는 중요한 건축물입니다. 그런데 고속도로가 생기면 이 건축물의 미관이 많이 훼손될 수 있습니다'라는 추상적인 반론만으로는 동의를 얻기 어렵겠죠. 결국은 '내가 그렇게 생각하기 때문이다' 같은 수치화할 수 없는 설명 말고는 다른 이유를 들수 없습니다. 결과에 대한 설명 책임(Accountability)으로 보면, 무책임하고 철없는 주장으로 비칠 뿐입니다.

그렇지만 그것이 바로 의미와 문화의 세계 아닐까요. '전봇대는 보기 흉하다. 이 거리에 어울리지 않는다고 생각한다'라는, 어떻게 보면 철없는 주장을 받아들인 파리나 런던에는 주장할 용기가 있는 사람과 그것을 받아들일 문화가 모두 있었을 거란 생각이 듭니다.

미즈노   한번은 저의 제안이 통과된 후 점쟁이가 안 된다고 했다며 번복된 일이 있긴 했어도,(웃음) 대체로 제 프레젠테이션은 잘 통과되는 편입니다. 선생님 말씀을 들으니 이제야 그 이유를 알 것 같습니다.

제 경험상 기업은 논리가 맞지 않으면 웬만해서는 통과되지 않는다는 걸 느끼고 있었기에 마크 하나를 만들 때도 모든 자료를 철저히 조사합니다. 그래서 저는 프레젠테이션을 '연구 발표'라고 합니다.(웃음) 자료를 철저하게 조사하고 어떤 때는 현장까지 나가서 조사한 다음, '이 상품은 원래 역사적으로 이런 배경이고, 이 상품은 이런 의미가 있으니 로고는 같은 역사를 지닌 이 서체를 토대로 하는 것이 적합합니다'라고 설명합니다. 그렇게 하지 않으면 일단 제 자신이 인정할 수 없거든요. 역사나 지역에 얽매이지 않을 때도 있지만, 그때도 반드시 이유를 설명할 수 있도록 준비하고 있습니다.

그러면 기업 쪽에서는 '설명을 들으니 이 로고밖에 없는 것 같다'라고 판단하는 경우가 많습니다. 제가 만드는 상품은 문화적 성격이 강하지만, 왜 그것이 좋은가 하는 이유를 가능한 한 언어화하고 있습니다.

야마구치　그것은 상대방이 스스로 선택하지 못할 때도 효과적인 방법이 될 것 같습니다. 일본은 젊은 층의 주장을 잘 받아들이지 않는 경향이 있습니다. 어쩌면 '내가 그렇게 생각하기 때문에 해야 한다' 같은 개인적 주장은 받아들이지 말아야 한다는 사회적 압력이 작용하는 것 같기도 합니다. 다시 말해, 의미가 담긴 이유보다 편하고 이해하기 쉬운 근거를 들어 보여주지 못하면, 동의 또한 얻기 어렵다는 거죠.

가령 미즈노 대표님이 철저하게 조사한 후 만든 디자인을 아무 설명 없이 '이게 최선이다'라고 제안하면, 젊은 사원들이 '잘은 모르겠지만 멋있다. 무조건 이것이 좋다'라고 받아들인다고 해도, 같은 회의에 참석하고 있는 아재 사상에 물든 사람들은 별 흥미를 느끼지 못할 겁니다.(웃음)

'멋진 이유'가 언어화되지 않았기 때문에 '이게 좋다!'라고 판단할 용기를 내지 못하는 거죠.

'이게 좋다!'라고 선택하지 못하는 이유

야마구치 실제로 미즈노 대표님도 디자인을 제안하고 고객에게 최종 결정을 요구할 때, 상대방이 곧장 'Yes No'를 정하지 못할 때가 있지 않나요? 서로 주위를 살피면서 '다들 이게 좋다고 생각할까'라며 눈치만 보고 있는 경우가 많은 것 같아서요.

미즈노 선생님께서 제 프레젠테이션을 보고 계셨던 것 같습니다.(웃음) 말씀하신 대로 상대 기업이 판단을 내리지 못하는 경우가 종종 있습니다. '정확한 판단을 위해 한두 가지 디자인을 더 제시해주면 좋겠다'는 분위기가 만들어지기도 하죠.

하지만 디자인 프레젠테이션이 '연구 발표'인 이상 다른 가설을 세우려고 해도 근거가 필요합니다. 그 부분을 서로 논의하지 않고 다른 디자인 시안을 만들어 다수결을 통해 결정한다고 해도, 그것이 제대로 된 디자인을 선택했다고 볼 수 없습니다.

　그래도 '일단 다른 안을 보고 선택하겠다'라고 하는 경우가 있습니다. 그럴 때, 결정하기 위해서는 역사도 배경도 연구 발표할 수 있을 정도로 알고 있어야 하기 때문에 선택하는 것도 제가 디자인을 제안하는 것처럼 쉬운 일이 아니라는 것을 설명합니다. 그래서 "일단 몇 가지 안을 준비해서 그중에 회사나 개인의 취향 또는 회의 분위기를 보고 선택하는 방법은 좋지 않습니다. 우선 어떤 점이 걸리는지 그리고 어떻게 하면 좋겠는지 의견을 말씀해 주시면 어떨까요. 다른 디자인 시안을 만들 때 그것을 반영해서 만들고 싶습니다"라고 제 의견을 전하고 있습니다.

야마구치　디자인 디렉터 가와사키 가즈오 역시 안건을 딱 하나만 제시하면서 '생각하고 생각해서 내린 최적의 결과가 이것입니다'라고 말합니다. 그런데 그때 상대방이 다른 안은 없냐고 물으면, 말없이 짐 싸서 돌아가는 비폭력 주의자입니다.(웃음)

미즈노　대단합니다.(웃음) 저는 의외로 인내심이 강한 편이라(웃음) 어떤 때는 "다른 안이라면 어떤 걸 말씀하시는지?"라고 물어보기도 합니다. 하지만 들어보면 이미 자체적으로 시도했다가 아니라고 판단한 아이디어가 많습니다.

그런 아이디어는 제안하지 않더라도 일단 자료로 가지고 갑니다. 어차피 '연구 발표'이기 때문에 연구 과정에서 선택하지 않았던 다수의 버려진 안들을 들고는 가거든요.^(웃음) "아, 이런 거 말씀이시죠"라면서 보여주고, "이건 이미 만들어봤지만, 이런 이유로 폐기했습니다"라고 설명합니다.

예를 들어, 모두가 '자동차는 마차에서 시작되었다'라는 문화를 알고 있으면, 최소한 하나의 안은 마차가 역사적 배경이 되는 디자인이 사장 결재라인까지 올라갈 겁니다. 하지만 역사와 문화적 배경을 아는 이가 아무도 없으면 '그냥'이라든가, '내가 좋아해서'라든가, '이것이 팔릴 것 같아서'처럼 애매모호한 '기분'으로 판단하고 말죠.

디자인은 의미로 규정하지 않으면 끝없이 만들 수 있기 때문에 저 같은 경우는 의미를 철저하게 조사하는 연구 발표 같은 방식에 도달했습니다.

야마구치 스스로 판단해서 결정하는 것에 익숙하지 않은 경우도 있을 겁니다. 그런 점이 또 많은 사람들의 약한 부분이기도 하죠.

그래서 생각나는 것이 '재미있는 법인 카약'이라는 좀 독특한 회사입니다. 이 회사는 한때 미술품을 판매하기 위해 갤러리를 오픈하고, CEO였던 야나기자와 다이스케가 직접 운영했었습니다.

미즈노　꽤 어울리는데요.^(웃음)

야마구치　야나기자와가 말한 것 중에 의미 있었던 내용은 외국인
이 예술품을 사는 방식입니다. 갤러리 근처에 사는 엄마
가 아이랑 같이 불쑥 들어오더니 한동안 그림을 보다 '이
거 주세요'라고 한다는 겁니다. 무려 20~30만 엔 정도 되
는 그림을 마치 야채를 사는 것처럼 하는 거죠.

　그에 비해 일본 사람은 한번 훑어본 다음 "누구 그림이
괜찮나요?"라고 물으며 속지 않으려는 듯 조심스레 평판
을 확인한다고 합니다. 다시 말해, 자기 판단으로 결정하
지 못하는 거죠.

　아마 문화에 대한 인식의 차이라고 봅니다. 대부분의 사
람은 스스로 좋고 나쁨을 판단할 수 있는 크리에이티브
자신감이 없는 것 같습니다. 그러다 보니 크리에이티브
리더십을 발휘하지 못해 미적 분야의 경쟁 우위에 서지
못하는 걸림돌이 되는 겁니다.

미즈노　크리에이티브에 관한 자신의 판단이나 스킬에 자신감이
없어서 '이것이 좋다'라고 스스로 판단하고 의견을 말할
용기도 없다는 선생님 말씀에 공감합니다. 『센스는 지식
에서 시작된다』는 책에도 썼지만, '센스'에 대한 콤플렉

스도 정말이지 뿌리 깊은 문제인 것 같습니다.

프레젠테이션이라고 하면 또 떠오르는 한 가지가 '모르니까 쓸데없는 소리를 하는 증후군' 같은 것입니다. 예를 들면, 제안된 ○○는 젊은 층에 인기 많다고 한다. 솔직히 ○○ 자체도 모르고, 왜 인기 있는지는 더더욱 이해할 수 없다. 그래서 이 아이디어가 좋은지 나쁜지조차 판단이 서지 않는다. 그럴 때, '잘 모르겠다'라고 솔직하게 말하지도 못하면서, 아무 말도 하지 않고 있으면 다른 사람에게 '일하지 않는 것처럼 보일까 봐'라는 생각을 가지고 있는 거죠.

야마구치 "아니, 좀 더 구체적으로 설명해 주는 것이 좋지 않겠습니까"처럼 엉뚱한 트집을 잡겠군요.(웃음)

미즈노 네. 누구 한 사람이 말을 꺼내면 기다렸다는 듯이 엉뚱한 말들이 쏟아지고, 잘못하면 프레젠테이션 전체가 엉망이 되는 비참한 사태까지 갈 수 있죠.(웃음) 그런 상황을 피하기 위해서라도 이유를 제대로 설명할 수 있도록 준비를 철저하게 해서 갑니다.

대체로 일을 잘하는 사람일수록 '나는 잘 모른다'라고 쿨하게 인정할 줄 압니다. 그리고 일하다 보면 경험 많고 능력 있는 경영자일수록 '이 부분에 대해서는 전혀 모르니까 자세하게 가르쳐달라'거나 '자신의 연령대에서는 판단하기 어렵지만, 기대되니 믿고 해보겠다'라고 합니다. 유능한 사람일수록 자신이 판단할 수 있는 '범위'를 알고 있으며, 또 모르는 것은 솔직히 질문할 수 있는 경쾌함도 지니고 있는 것 같습니다.

망설임을 극복하는 두 가지 방법

미즈노　기업에서 '아재' 사상에 물든 사람들이 판단할 용기를 내지 못하는 이유가 또 있습니다. 그것은 '종신고용이라 사이가 나빠지면 큰일이다', '지켜야 할 것이 있다' 등 시시한 변명거리들입니다.(웃음) 이유가 어떻든 우리 일은 기업이 망설임을 극복하도록 하는 것이기도 합니다. 그래서 제가 생각한 방법은....

야마구치　해결 방법을 찾으셨군요.

미즈노　하나는 '흑선이 왔다'입니다. 미국 흑선이 일본에 들어왔을 때, 그때까지 죽어라 싸우던 사람들이 싸움을 멈추고 한편이 됐었죠. 가령 '지구에서 전쟁을 없애는 방법은?' 이라고 누가 묻는다면, 제가 제일 좋아하는 답은 '외계인이 침략했다'입니다. 간단히 말해서, 이제 바뀌지 않으면 안 되는 업계 상황이라든가 외국과의 경쟁이라든가 하는 외부 요인을 이용하는 방법입니다.

　다른 하나는 '일단 시도하라'입니다. 경영진이 정확한 판단을 해서 톱다운으로 지시하는 방식. 구체적으로는 이른바 '크리에이티브 전담팀'을 사내에 만들어서 디자인 부서에 한정하지 않고 영업이나 기술과 같은 현장 직원도 함께 움직이도록 하는 것이죠.

야마구치 '일단 시도하라'는 산토리 창업주인 도리이 신지로를 말씀하시는 거죠. 지금도 그 회사의 방침이자 이념입니다.

　산토리는 1조 엔 규모의 기업으로 '쓸모'와는 가장 거리가 먼 물건을 만드는 회사라고 할 수 있죠. 아무래도 술을 만드는 회사다 보니, 팔리면 팔릴수록 도움과 거리가 멀어지겠죠.(웃음)

미즈노 건강 지향과 효율 중시로 '안 마시는 사람'이 늘고 있는 현대에는 더욱더 그렇겠네요.

야마구치 쓸모와 거리가 멀어 독특한 존재인 산토리에 '창조와 도전'을 바탕에 둔 그런 문화가 있다는 사실이 매우 상징적이라고 할 수 있겠군요.

미즈노 산토리와는 스타일이 상당히 다르지만, 제가 일을 맡고 있는 소테츠 그룹도 결국엔 톱다운 방식으로 바뀌게 되었습니다.

2013년에 사업 파트너인 단세사를 통해 의뢰가 왔었습니다. '철도회사 일'이라는 말을 듣고, 어디냐고 물었더니 소테츠 그룹이라고 하더군요. 솔직히 저도 소테츠선이 지나는 가나가와 사람이다 보니 매우 기뻤습니다.

소테츠선은 우리 지역 주민에겐 평범하지만, 어찌 보면 촌스럽기까지 한 노선입니다. 후타마타가와 역에 운전면허 센터가 있어서 가나가와 사람이라면 누구나 한 번은 타게 되는데, 수수해서 더더욱 애착이 가거든요. 같은 요코하마를 지나는 도큐선의 세련된 분위기와는 아주 대조적입니다.

그 소테츠선이 저출산 고령화 시대를 내다보고 '연선^(기차와 함께하는 지역) 가치의 향상이 필요하다'는 슬로건 아래, 행동에 나서기 시작했습니다. 2017년 창립 100주년을 맞이하고, 2019년에는 JR선과 2022년도에는 도큐선과 직통으로 연결하여 '도심까지 연장 운행한다'는 호재도 있었죠. 어쨌든 외적인 동기부여는 충분했습니다.

야마구치   그래서 열차 차체부터 시작해서, 직원들 유니폼 그리고 기차역까지 모든 것이 새롭게 디자인된 거였군요.

미즈노   네. 하지만 처음에는 더 부분적인 의뢰였습니다. 그리고 각 담당자가 '전에는 이렇지 않았다'라든가 '안을 제시해

주면 회의를 거쳐 검토하겠다'라는 식이었죠. 그런데 제가 본격적으로 가담해서 몇 가지 변화를 도입했더니 어느 순간 경영진들도 사고의 틀을 180도 바꾸면서 톱다운 방식으로 변하게 되었습니다.

당시는 사장이었고 현재는 회장인 하야시 히데카즈는 "이거 미즈노 디렉터가 본 건가?"라고 하는 것이 습관처럼 되었고, 저도 "진행하기 전에 먼저 보여주시면 검토하겠습니다"가 입버릇이 됐죠.(웃음)

지금은 철도뿐만 아니라 광고, 호텔사업, 연선 개발 등 소테츠 그룹 전체의 크리에이티브 디렉터로 참여하고 있습니다. 이제는 주주총회 자료까지도 체크합니다.(웃음)

야마구치 그것을 받아들인 소테츠도 굉장하군요.

미즈노 소테츠에도 '일단 시도하라'처럼 사원을 신뢰하고 현장에 판단을 맡기는 문화가 있습니다. 덕분에 '크리에이티브 전담팀'도 만들었고, 의사 결정권자들과 일 처리에 관한 이야기를 직접 나누다 보니 일의 진행이 원활합니다.

프로젝트별로 팀을 만들었고, 철도와 관련된 일은 단세이사의 고 츠네오와 제가 크리에이티브 디렉터가 되어 소테츠 직원들과 함께 '디자인 브랜드 업 프로젝트'를 진행하고 있습니다. 저희가 감수하면서, 회사 유니폼은 스타일리스트 이가 다이스케, 차량은 제품 디자이너 스즈키

게타와 GK 디자인 등 필요에 따라 외부 전문가와 협력하여 만들었습니다.

광고 및 홍보는 '이미지 업 프로젝트'를 진행했습니다. 제가 크리에이티브 디렉터로 최종 감수를 맡고, 광고 문구와 보도자료는 카피라이터 히루타 미즈호, 광고와 이벤트는 덴츠에 의뢰하는 형태였습니다.

외부 요인을 이용한다. 톱다운 형태의 크리에이티브 전담팀을 만든다. 이것이 망설임을 극복하는 비결입니다.

아, 나머지는 외부 인사를 잘 이용하는 것입니다.(웃음) 직원 입장에서 상사에게 말하기 힘든 부분이 있으면, "미즈노 대표님께서 대신 말씀해 주시면 어떨까요"라는 부탁을 자주 받거든요.(웃음)

'정답'에 집착하는 원인

야마구치　경영학자 구스노키 켄 교수의 '훌륭한 경영자는 당사자 의식을 가지고 있다'는 말이 참 흥미롭습니다. 다시 말해 스스로가 상품이나 서비스의 고객이 되어 '이것이 좋다'라거나 '이것은 싫다'라는 자신의 의견을 반영하는 겁니다. 어찌 보면 '자기 멋대로'인 셈이죠.

필요를 충족시키는 것이 최고의 가치였던 1960년대와 70년대는 시장조사를 통해 많은 고객이 좋아할 만한 것을 찾아내서 거기에 맞게 만들어 파는 것이 정석이었습니다.

그러다 보니 비즈니스를 크게 하기 위해서는 시장에 존재하는 가능한 한 보편적인 욕구불만을 해결하는 것이 중요했습니다. 그때는 대중의 '불만'이 중요했고, 한 개인의 '좋고 나쁨'은 중요하지 않았습니다. 아무리 자신만의 주장을 해봐도 들어주지 않는 시대였던 거죠.

하지만 물건을 만들어도 팔리지 않는 지금은 '제멋대로'가 필요한 시대입니다. 스티브 잡스는 굉장히 '제멋대로'인 사람이었고, 그런 '제멋대로'는 재미와 흥미를 일으키는 힘이 됩니다.

이런 상황에서도 정답에 도달하기만을 바라면서 재미와 흥미를 감지하는 안테나를 끊어버리고 사는 사람이 많은 것 같습니다. 결국 '좋다고 생각하니까 이걸로 하겠다'라고 감히 주장하지 못하고, 필요를 충족할 선택에 연연한 채 제자리걸음만 하고 있는 거죠.

참고로, '객관'과 '주관'이란 말이 있습니다. 비즈니스 상황에서 '객관'과 '주관'을 비교하면, 명백하게 '객관'이 긍정적이고 '주관'은 부정적입니다. '이것은 객관적인 데이터입니다'라고 하는 것은 자신의 주장에 정당성이 있다는 의미를 담고 있습니다. 한편 '그것은 주관적인 의견인 거죠'라고 말할 때는 부정적인 의미를 내포하고 있습니다. 하지만 원래 한자의 의미를 살펴보면, '객'은 중요치 않다는 의미입니다. 말 그대로 '주'가 아니기 때문이죠. 여기서 '주'는 중요하고, 중심에 있다는 것을 의미합니다. 주인, 주요, 주제 등 '주'는 어떤 곳에서 주인이 되고, 어떤 것에서 중심이 되는 것입니다. 현대의 비즈니스 현장에서 지나칠 정도로 '객관'을 중요시하는 풍조는 사실 위험한 일이라고 봅니다.

미즈노   전적으로 동감합니다.

야마구치   상징적인 이야기를 한 가지 하면, 일본에서 본격적인 검색 엔진 서비스를 시작한 회사는 NTT입니다. 1995년에 NTT가 NTT DIRECTORY를 시작했고, Yahoo Japan은 1996년에 시작했습니다. 그리고 제프 베조스가 책만 취급하던 Amazon을 시작한 시기에 IBM도 World Avenue 라는 전자 상거래 서비스를 시작했습니다.

　　우연일까요? GAFA*(Google, Apple, Facebook, Amazon)가 소규모로 사업을 시작했을 때, 자본, 인재, 브랜드도 갖춘 어느 모로 보나 아주 유리한 입장에 있는 대기업들이 이미 같은 업종에 진출해 있었습니다. 그런데도 결국 조그마한 벤처기업에 손을 들고 맙니다. 이건 한마디로 대기업에 모티베이션이 없었기 때문이고, 모티베이션이 모든 것을

---

*　구글(Google), 애플(Apple), 페이스북(Facebook), 아마존(Amazon) 4개 회사를 뜻함.

바꿔버리는 세상이 되었다는 것을 보여주고 있습니다.

미즈노 분명 예전에는 상당한 돈이 없으면 정보도 사람도 모이지 않았습니다. 거대 자본을 가진 기업들은 자신들이 쌓은 높은 울타리 안에서 전부 자체적으로 해결했었죠. 하지만 지금은 경영 자원을 다 갖추고 있다는 것이 반드시 성공을 보장하는 조건이 될 수 없습니다.

야마구치 인재, 상품 그리고 돈보다 모티베이션이 최고의 경쟁력이 된 거죠. 지금은 바로 그런 세상입니다. 예전에 비해 금리도 떨어지고, 필요한 온갖 과학 기술에도 쉽게 접근할 수 있다 보니 그런 경영 자원의 격차가 경쟁 우위를 좌우할 수 없게 되었습니다. 그리고 온갖 물건이 넘쳐나는 지금 세상에는 배고픈 사람이 거의 없어졌습니다. 다시 말해서, 필요가 충족된 상황에서는 모티베이션이 가장 중요하고 희소성 있는 경영 자원이 되는 겁니다.

벼랑 끝에서 건진 브랜드

미즈노 뭔가를 선택할 때, 자신의 두근거리는 설렘보다 '필요를 충족시킬 수 있는' 것을 선택하고 마는 것은 아무래도 뿌리 깊은 문제라고 할 수 있습니다.

제가 대학에서 강의할 때, 종종 테마로 사용하던 것이 시계였습니다. 손목시계가 처음 만들어진 것은 19세기 초로 알려져 있으며, 지금도 인기 있는 산토스 같은 경우는 SF소설과 비행기를 매우 좋아하는 '산토스 뒤몽'이 친구 '루이 까르띠에'에게 하늘을 날 때도 쓸 수 있는 작은 시계를 만들어 달라고 부탁한 것이 그 시작이라고 합니다. 즉, '손목에 차도 고장 나지 않는 시계'라는 필요를 충족시키는 가치가 100년 훨씬 이전에 이미 만들어졌던 겁니다.

　이 손목시계에 대한 프레젠테이션을 19세기 사람들 앞에서 한다면 어떨지에 대한 주제로 강의를 합니다.

　'A 시계는 싸고 튼튼한데다 밤에는 불이 들어온다. 태양열로 충전하기 때문에 건전지를 교체할 필요도 없다'. 'B 시계는 굉장히 비싸고, 물에 젖으면 고장나고, 직접 태엽을 감지 않으면 움직이지도 않고, 종종 시계 매장에서 점검을 받아야 한다'.

　이런 식으로 설명하면 19세기 사람들은 '당연히 A 시계'라는 선택을 하게 되겠죠. 일본 같은 경우는 19세기 중엽에 겨우 회중시계를 사용했으니, 처음 보는 손목 시계 자체도 굉장히 놀라웠을 겁니다. 굳이 비유하자면 A는 G-SHOCK이고, B는 파텍 필립쯤 되겠죠.^(웃음)

야마구치　G-SHOCK은 옛날 사람들한텐 굉장히 인기 있고 파텍 필

립보다 훨씬 비쌀 것 같은데요. '정말 신기해! 숫자가 떠 있어!'라고 하겠죠.^(웃음)

미즈노 이것은 문명이 지나간 곳에는 문화가 요구된다는 것을 상징적으로 보여준다고 생각합니다. 문명이 발달하기 시작한 시기에는 G-SHOCK을 '굉장해~!'라고 생각했겠지만, 지금 우리는 더 이상 문명을 갈망하지 않거든요. 문화를 갈망하기 때문에 파텍 필립을 원하는 사람이 있는 겁니다.

야마구치 알 것 같습니다. 그리고 지금의 고급 브랜드 시계는 원래 스위스의 작은 공방에서, 처음에는 의미 같은 건 생각하지 않고 그저 필요에 따라서 시계를 만들었을 겁니다.
　그랬던 것이 기술적으로 고도화된 것을 추구하면서, 정교한 기계적인 톱니바퀴를 이용해 전문화된 기술력으로 시계를 만들게 된 거죠. 브레게 같은 경우는 중력을 분산시키는 뚜르비옹 기능을 발명하고, 롤렉스는 자동으로 태엽이 감기는 퍼페추얼을 탄생시키기도 합니다.

미즈노 퍼페추얼은 날짜를 따로 조정할 필요가 없으니 당시에는 굉장히 획기적이었겠네요. 거기다 모두 톱니바퀴로 한다고 하니, 천재 장인이라기보다 천재 발명가의 기술이라고 할 수 있겠는데요.

야마구치　그렇게 스위스가 오로지 필요를 충족시키는 가치에 전념할 때, 동양의 섬나라가 등장했습니다. "아니지, 기계식은 집어치우고 쿼츠를 사용하면 되지! 가격도 저렴하고 아주아주 작게 만들 수 있어"라는 느낌이겠죠.

미즈노　세이코 등장이네요. 게다가 특허를 냈기 때문에 1970년대는 저렴한 쿼츠 시계가 전 세계로 퍼지게 되면서, 스위스 시계 산업은 큰 타격을 입었을 겁니다.

야마구치　그렇죠. 스위스에서는 톱니바퀴를 사용한 기술혁명을 추구해왔지만, 공정도 힘들고 가격도 엄청납니다. 동양의 섬나라에서 시간도 정확하고, 상대적으로 가격도 매우 저렴한 시계가 대량으로 생산됐으니.... 어쩌면, '우리도 저렴한 시계를 대량 생산해 볼까'라는 의논을 했을지도 모르죠. 하지만 자신들의 능력과 오랜 세월 일해온 장인들을 고려하면 '역시 차별화된 방식으로 하지 않으면 산업을 지킬 수 없다'는 판단을 했을 거라고 생각합니다.

　결국 스위스 시계 산업은 소유한 사람에게 '의미 있는' 자기표현의 시계를 만든다는 방향으로 전환했습니다. 그 결과 캐주얼한 스와치나 롤렉스의 스포츠 워치, 귀족적인 브레게, 억대가 넘는 리차드 밀을 탄생시켰습니다. 물론 시장에서 철수한 회사도 있겠지만, '필요를 충족시키는 가치'의 승부에서 벗어나 '의미가 있는 가치'의 길을 선택한 곳은 일류 브랜드가 되었다고 봅니다.

미즈노   굉장한 이야기입니다. 브랜드는 존폐의 위기에서 탄생했
다고 볼 수 있겠네요.

브랜드화는 현재 진행형?

야마구치   미즈노 대표님께서 말씀하신 시계를 비롯해 적어도 세
업계의 브랜드 탄생 배경에 기존 제품보다 가성비 좋은
일본 제품 등장으로 인한 위기감이 있었다고 해도 좋을
겁니다. 먼저 카메라를 들 수 있습니다. 카메라도 처음에
는 필요를 충족시키는 가치로 승부했을 테니, 당시 라이
카나 롤라이플렉스도 단순히 기록만 하는 장치였겠죠.

미즈노   라이카가 탄생한 건 20세기 초반입니다. 지금이야 레트
로 감성이 있다거나 들고 있으면 멋지다고 하지만, 그때
는 실속 위주의 제품이었다고 할 수 있겠죠. 어쨌든 독일
회사거든요.(웃음)

야마구치   저도 카메라를 좋아해서 솔직히 라이카를 갖고 싶지만,
렌즈를 포함한 풀 패키지로 장만하려면 엄청난 금액이
죠. 성능은 어떠냐고 전문가에게 물으면 그냥 캐논으로

사라고 하더군요.^(웃음)

미즈노   올드 라이카나 롤라이플렉스의 이안 카메라는 아직도 굉장한 고가에 거래되고 있습니다. 갖고 싶어하는 사람이 엄청 많거든요.

야마구치   아마 카메라 업계에서도 유럽이 '필요를 충족시키는 가치'로 꾸준히 성장하고 있을 때, '고장 없이 괜찮은 성능을 가진, 더구나 대량 생산으로 가격도 괜찮은 카메라'가 출시된다. 시계와 완전히 똑같은 모습인 거죠.

    이런 동양의 신출내기가 등장했을 때, 필요는 충족시키지만 의미가 담기지 않은 카메라는 어느새 그림자도 볼 수 없게 됩니다.

미즈노   그렇군요. 라이카가 굉장히 고급스럽고 멋있기도 하지만, 가지고 있는 자체로 의미 있는 가치를 만든 것은 살아남기 위한 사업 전략이었군요. 타고나길 멋있었던 게 아니라 후천적인 노력으로 만들어진 멋스러움이네요.^(웃음)

    저는 직업상 여러 메이커 카메라와 렌즈를 가지고 있습니다. 그중에 라이카 렌즈는 심도 조절이 절묘해서 참 좋습니다. 하지만 본체가 무거워서 평소에는 소니 α7 본체에 렌즈만 라이카를 사용하는 경우가 많이 있습니다. 그래도 해외 로케 갈 때는 카메라 본체도 라이카를 사용하는데, 그땐 좋은 카메라를 가지고 있다는 말을 종종 듣습니다. 한번은 라이카의 빨간 로고를 본 술집 주인이 '뭘 아는 사람'이라면서 술을 한 잔 사준 적도 있었죠.^(웃음)

야마구치   시계와 카메라처럼 브랜드화된 것이 자동차입니다. 1970년대부터 80년대에 걸쳐 싸고 튼튼한 고성능 자동차가 등장하자, 자동차 업계에도 마찬가지 상황이 벌어졌습니다.

이때 포르쉐는 심각한 경영 위기에 직면하여, 포르쉐 930 터보는 1974년에 데뷔해 15년간 모델 변경도 하지 못했습니다. 포르쉐는 돈이 굴러 들어오던 미국 시장을 뺏기다 보니 경영이 너무 힘들어 신차 개발은 엄두조차 내지 못했던 겁니다.

하지만 포르쉐는 그 위기를 통해 지금과 같은 브랜드로 다시 태어날 수 있었습니다. '가격과 성능만으로는 이길 수 없다. 대신 의미를 사게 하자'라는 방향으로 전환해 살아남을 수 있었습니다. 그렇게 하지 못한 롤스로이스, 애스턴 마틴, 재규어는 모두 몇 번이나 망했고, 결국 80년대 영국에서는 자동차 메이커가 사라졌죠.

미즈노   정말 그렇네요. 애스턴 마틴은 포드에 인수합병 되었던 시기가 길었고, 지금도 롤스로이스는 BMW, 재규어는 인도 타타 모터스에 인수되어 더 이상 영국 회사가 아니죠. 특히 로버란 회사는 회사도 브랜드도 사라져 버렸습니다.

그래도 대부분의 영국 차가 최고급 자동차로 살아남을 수 있었던 것은 그것을 브랜드화한 유럽 자동차 업계의 능력 덕분이라고 봅니다.

야마구치　원래 70년대 유럽에서 특별했던 자동차는 롤스로이스 정도였고, 재규어는 조금 부유하다고 할 정도의 사람들이 많이 탔습니다. 여하튼 '필요를 충족시키는' 가치로만 보면, 대부분의 유럽 자동차는 뒤처질 수밖에 없는 상황이었죠. 그래도 전 결혼하고 얼마간은 1970년대 전후의 줄리아 슈퍼라는 알파 로메오를 타고 있었습니다.

미즈노　확실히 '필요를 충족시키는' 것과 거리가 먼 차죠.^(웃음)

야마구치　솔직히 필요를 충족시켜 주지 못하는 정도가 아닙니다. 갓난아기를 뒷좌석에 태우고 고속도로를 달리다가 멋대로 브레이크가 걸려서 멈춰버렸을 정도였습니다.
　　그때 제 부모님께서 찾아와 "귀한 손자에게 무슨 짓이냐! 빨리 팔아버려!"라며 노발대발하셨습니다. 그리고 와이프에게 '제멋대로인 슈의 말은 들을 필요 없으니 네가 타고 싶은 차'로 바꾸라 해서 고른 차가 렉서스입니다. '필요는 충족시키지 못하고 의미만 있는 차'에서 '의미는 없지만 필요를 충족시켜 주는 차'로 대전환하여 자동차 역사를 몸소 체험한 셈입니다.

이야기가 딴 데로 흘렀네요. 어쨌든 극단적인 상황으로 예를 들었지만, 시계와 카메라 그리고 자동차는 기존 제품보다 더 고성능 제품 등장으로 브랜드화되었다고 할 수 있을 것 같습니다.

미즈노 그렇다면 지금 일본 제품이 처한 상황은 완전히 7~80년대 유럽 여러 나라들과 마찬가지 아닐까요. '필요를 충족시키는' 가치만 추구하다 완전히 막다른 골목에 봉착한 상황이라고 볼 수 있거든요.

한국은 가격과 성능 면에서 굉장한 전자 제품을 계속 만들어 내고, 중국 DJI의 드론은 매우 우수합니다. 앞으로는 아시아의 다른 나라에서 훨씬 더 가성비 좋은 상품들이 나올지도 모르는 상황이기도 합니다. 한때는 선두 주자의 브랜드화 배경에 있었지만, 지금은 브랜드화하지 않으면 살아남을 수 없는 상황에 직면했고, 어쩌면 이 상황이 브랜드화의 기폭제가 될 수도 있다고 생각합니다.

야마구치 그렇습니다. 앞으로는 위기감에 '의미가 있는 세계'로 방향을 바꿔 브랜드를 확립한 회사와 지금처럼 '필요를 충족시키는 세계'의 연장선을 전전하다 사라져 가는 회사로 나누어질 겁니다. 영국 자동차 업계와 같은 상황이 발생한 회사가 산요와 샤프라고 생각합니다.

활로를 잘만 찾으면 브랜드화해서 살아남을 수 있을 테

니 아직 희망을 가질 수 있다고 봅니다.

의미를 만드는 일, 누가 할 것인가

야마구치 '의미가 있는' 회사 중에 발뮤다라는 곳이 있습니다. 이 회사는 보통 2,000엔 정도면 구입할 수 있는 제품과 기능 면에선 별반 차이가 없지만, 가격은 20,000엔인 제품을 판매해서 10년 동안 매출이 10배 이상 성장하고 있습니다. 이것은 하나의 흐름이라고 생각합니다.

　기능이 아니라 '의미가 있는 가치'를 추구하고, SNS의 힘으로 전 세계의 틈새시장을 파고들어 갑니다. 세계가 시장이라면 아무리 틈새라고 해도 분모 자체가 다르다 보니, 광고 회사를 등에 업고 일본인 모두에게 판매하는 것보다 더 많은 사람에게 팔리겠죠.(웃음)

　산업 전체에 도전이라고 생각하는 것은 '의미가 있는 가치'로 세계와 승부할 수 있는 회사가 되어 브랜드화가 필요할 때, 누가 그것을 이끌어 갈 것인가 하는 문제입니다.

　미즈노 대표님 말씀처럼 대부분의 회사 경영진은 스스로 판단하는 것을 꺼려 하기에 대표님 같은 외부 디자이너나 크리에이티브 디렉터 또는 광고 회사의 힘을 빌리기도 합니다. 저도 덴츠나 하구호도의 지인에게 '의미를 만드는 일이 중요하다'라고 강조하고 있지만, 광고 회사

는 'AI 추진 프로젝트'나 '빅데이터 기획실' 같은 필요가
충족될 방향으로 일하고 있습니다. 굉장히 잘못된 노선
으로 승부하려 한다고 생각합니다.

미즈노　　크리에이티브 디렉터는 새로운 방법으로 의미를 만들어
야 하는 경우가 많이 있습니다. 흔히 말하는 '브랜딩'의
한 방법입니다.

　브랜딩을 잘하려면 말씀하신 대로 외부 크리에이티브
디렉터를 영입하는 것이 가장 좋다고 생각합니다. 저 역
시도 외부 크리에이티브 디렉터 자격으로 여러 브랜드와
일을 하고 있습니다.

　또는 기업의 최고 경영진에 훌륭한 크리에이티브 디렉
터 또는 크리에이티브 담당이 있어도 좋을 것 같습니다.
애플에는 스티브 잡스가 있었고, 발뮤다의 테라오 겐도
여기에 해당합니다.

　무엇보다 '새로운 방법으로 의미를 만들 수 있는 인재'
의 증가가 긴박한 과제라고 할 수 있습니다.

중요한 것은 세컨드 펭귄

야마구치　'새로운 방법으로 의미를 만든다'는 것은 리더십과 관련
있으며, 앞으로 비즈니스에는 미의 경쟁 우위와 크리에

이티브 리더십이 필요하다고 봅니다.

그런가 하면 '리더의 부재가 문제'라거나 '리더 대망론' 같은 말도 많이 나오지만, 정말로 그런지 의구심 들 때가 많았습니다.

미즈노   리더가 될 수 있는 인재는 이미 있다는 말씀인가요.

야마구치   리더 탄생 프로세스를 전신주 지중화의 예로 분석해 보면, 이런 거죠.

'파리에 전신주는 어울리지 않는다. 지중화해야 한다'라고 처음 말한 사람은 그 시점에서는 아직 리더가 아닙니다. 그저 특이한 의견을 내놓은 한 사람에 불과하죠. 하지만 '나도 그 의견에 찬성'이라고 말하는 팔로워가 생기는 순간, 그 사람은 리더로 탈바꿈하게 됩니다. 즉, 리더십이란 관계에 의해 성립하는 '상황에 관한 개념'이라는 거죠. 리더밖에 없다는 말은 팔로워가 없다는 뜻이기도 합니다. 흔히들 '퍼스트 펭귄이 돼라'라고 말하는데, 퍼스트란 말은 그야말로 상대적인 개념이라 세컨드가 나왔을 때 비로소 퍼스트가 될 수 있죠.

미즈노   정말 그렇네요. 퍼스트가 될 수 없는 퍼스트 펭귄은 사실 많이 있을지도 모르겠습니다.

야마구치　그렇습니다. 만약 한 마리가 맨 앞에 뛰어나왔다가 물개한테 잡아먹혀 버리면, 그건 퍼스트 펭귄이 아니라 그냥 한 마리 펭귄밖에 안 되는 겁니다. 외로운 한 마리 펭귄을 퍼스트 펭귄으로 만드는 것은 역시 세컨드 펭귄인 거죠.

　　　그리고 세컨드 펭귄이 없는 이유가 '리더를 꺼리기 때문이 아닐까'라는 생각이 들기도 합니다. 교실에서 눈치를 살피면서 의견이 거의 모아져 갈 때쯤 '이건 아니라고 생각한다'라고 말하는 사람이 있으면 빈축을 사게 되겠죠.

미즈노　　'귀찮은 녀석이다', '잘난 척한다', '튀고 싶어 하는 놈이다' 등 많은 비난을 받겠죠. 그리고 그게 회사 조직에서도 마찬가지입니다. 그런 사람들은 스스로 조직에서 튕겨져 나오거나 주위에서 피하거나 합니다.

크리에이티브 리더십 시대

야마구치　세컨드 펭귄이라는 팔로워를 만들기 위해 예전에는 카리스마 있는 사람이 리더가 되었고, 90년대까지는 논리적인 리더십 또는 분석적인 리더십을 필요로 했습니다.

미즈노　　논리와 분석의 리더십. 확실히 알기 쉽네요. 분석이나 논리는 필요를 충족시키는 잣대이고, 세상에 넘치는 문제를 기술로 해결한다면 실제로 도움이 되거든요.

야마구치 　네. 논리나 분석은 정확성과 보편성을 담보로 합니다. 과학적 합리성이라고 하기에는 좀 무리가 있지만, '이 사람만 따라가면 정답이 있다. 내가 뒤처진 그룹에 속할 일은 없다'라는 것을 주변 사람들이 쉽게 알아챌 수 있겠죠.

　하지만 '의미 있다'는 가치의 기준을 사용하는 크리에이티브 리더십은 무척 어렵습니다. 무엇이 아름다운지, 무엇이 멋있는지, 무엇이 의미 있는지 등 정답이 없는 세계에서 "나는 이 사람 말에 동의합니다"라고 말하는 것 자체가 엄청난 용기를 필요로 합니다. 모두가 그 의견에 동의하는지 장담할 수 없기 때문에 미즈노 대표님이 프레젠테이션에서 직접 본 것처럼 주위 눈치만 살피고 좀처럼 결단을 내리지 못하는 거죠.

미즈노 　자칫 잘못하면 퍼스트 펭귄과 세컨드 펭귄이 물개에게 먹히는 모습을 보면서 남은 펭귄들이 한통속되어 웃어넘길 가능성도 있겠네요.

야마구치 　그래서 팔로워십 자체가 리더십이 될 수도 있습니다. 세컨드 펭귄은 리더를 만들고, 다음 팔로워를 탄생시키기 위한 새로운 리더라는 측면도 있다고 보거든요. 앞으로는 기업의 리더뿐만 아니라 한 사람 한 사람에게 크리에이티브 리더십이나 미의 경쟁우위가 필요해질 겁니다. 자신의 감각을 잃지 않고 '내가 멋지다고 생각하는 것은 누가 뭐라고 해도 멋지다'라고 말할 수 있는 것이 정말 중요하다고 생각합니다. 또는 누군가의 제안을 자신의 감각으로 판단해서 '이 의견은 아주 중요하다'거나 '인정하는 사람 한 명 없다고 해도 나는 이 사람의 제안을 지지한다'라고 말할 수 있는 결단력이 '의미의 시대'에는 반드시 필요합니다.

미즈노   아까 말씀하신 '용기'와 매우 비슷한 의미네요. 리더와 팔로워 모두에게 크리에이티브 리더십이 필요한 시대가 의미의 시대이고 문화의 시대입니다. 그리고 그것은 브랜딩과도 연관되어 있습니다. 앞에서 말씀하신 크리에이티브 자신감은 앞으로는 비즈니스의 필수 스킬이 될 수밖에 없다고 봅니다.

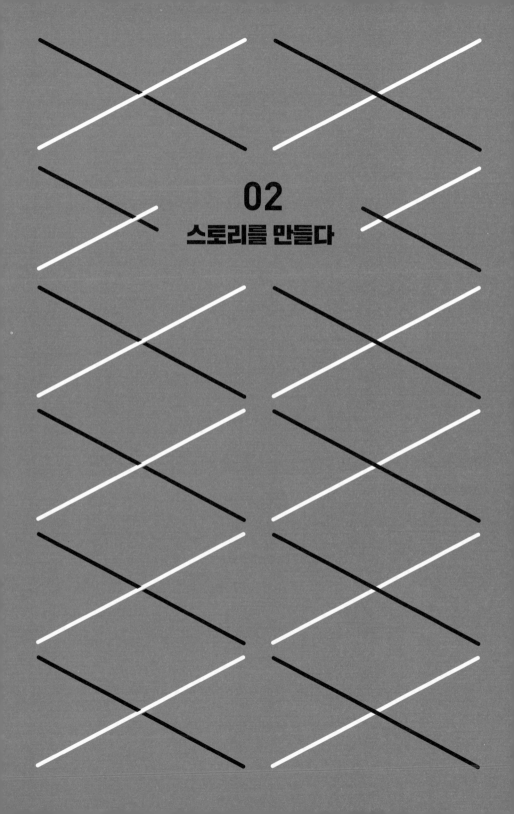

02
스토리를 만들다

02

스토리를 만든다

타깃은 내가 아니다

미즈노   여러 회사와 일하다 보면 반드시 나오는 말이 '타깃'입니다. 그래서 '타깃은 어떤 사람입니까?'라고 물으면 '25세부터 35세의 여성입니다'라는 대답이 돌아오기도 합니다. 그런 뜬구름 잡는 타깃이란....^(웃음)

가령 같은 연령대라도 '일요일 밤에는 반드시 여행 프로그램을 본다'는 여성과 '시사 프로그램을 본다'는 여성이 같은 타깃은 될 수 없습니다. 외출하는 여성도 있을 테니 세세하게 나누면 끝이 없을 겁니다.

야마구치   의미 있는 자료라기보다 단순 데이터에 지나지 않겠군요. 타깃에 대한 얘기라면, 도야마 마사미치가 '수프스톡 도쿄(Soup Stock Tokyo)'를 시작했을 때의 에피소드가 재미있습니다.

도야마 마사미치가 제안한 미쓰비시 상사의 사내 벤처 기업 기획서는 '수프가 있는 하루'라는 스토리로 돼 있었습니다. 22페이지 분량의 서류에는 단가가 얼마인지, 상품은 몇 종인지, 매장은 몇 곳인지 등 마케팅 4P 같은 것은 전혀 없고, 단지 한 여성이 수프를 먹고 몸과 마음이 안정을 찾았다는 스토리가 전부입니다. 이 스토리의 주인공 아키노 쓰유(37세, '쓰유=국물')라는 캐릭터는 창업 과정에서 구체적인 설정이 정해졌다고 합니다.

여기에 담긴 세계관은 지금도 공유되고 있으며, 가끔 일이 잘 풀리지 않고 힘들 때는 스토리를 보며 초심으로 돌아가 본다고 합니다. 도야마 마사미치는 사업을 준비하면서 세계관을 세우고, 그것을 사람들과 공유하기 위한 스토리를 만들었던 겁니다.

미즈노 타깃을 입체화해서 보다 선명하게 만들어 가는 거네요. 완전히 공감합니다. 저는 그렇게 하기 위해 잡지를 이용합니다. 타깃이 어떤 잡지를 읽는지, 물론 지금은 잡지를 많이 보지 않지만, 그래도 충분히 효과적입니다.

예를 들어 제가 문구업체와 일할 때, 업체에서는 타깃이 '문구를 좋아하는 20대 후반에서 40대 초반의 여성'이라고 말했지만, 그건 범위가 너무 넓고 막연했습니다.

그래서 회사 관계자에게 '타깃은 A라는 잡지를 읽는 여성으로 하면 좋을 것 같다'라고 제안했습니다. 하지만 회의에서 주로 발언하는 사람은 이 A라는 잡지와는 거리가 먼 나이 지긋한 남자분들이었죠.^(웃음) 그분들은 '아니, 그것보다는 이런 게 좋지 않을까'라고 합니다. 그래서 'A잡지를 읽어보신 적 있으십니까?'라고 물었죠. 아니나 다를까 대답은 'No'.^(웃음)

야마구치   '그건 읽은 적이 없지만, 나는 이게 좋은 것 같다'라며 엉뚱한 잡지를 손에 든 모습이 그려지는군요.^(웃음) 한마디로 '타깃이 자기 자신'인 거네요.

미즈노   맞습니다! 그겁니다. 저도 '읽은 적이 없으시면 한번 읽어봐 주시면 어떨까요'라고 말하긴 했지만, 이런 상황은 설정한 타깃에 딱 맞는 젊은 직원이 회의에 참여하고 있어도 좀처럼 발언할 수 없는 조직 구조가 더욱 큰 영향을 미치고 있을지도 모릅니다.

야마구치   타깃이 곧 자신인 것처럼 하면, 자신의 취향이 어김없이 드러나겠군요.

미즈노 대표님께서 말씀하신 '타깃'은 조금 전 '수프가 있는 하루'와 공통되는 부분이 있습니다. '수프가 있는 하루'처럼 스토리를 구성한다면, 그 문구업체의 문구를 사용하는 'A 잡지를 읽는 여성'이 주인공이 된다는 겁니다.

타깃을 설정한다는 것은 주인공의 개성을 만들어 가는 작업이죠. 그래서 기업인을 대상으로 단편 소설이나 단편 영화 만드는 훈련을 한다면 괜찮을 것 같습니다.

미즈노　그거 좋은데요. 저는 먼저 타깃을 잡고, 그중에 중심이 되는 부류의 사람을 코어 타깃이라고 부릅니다. 모든 상품에는 코어 타깃이 존재하기 때문에 그런 사람을 주인공으로 하면 되겠네요.

야마구치　그렇습니다. 어떤 상품이든 한 편의 스토리처럼 세계를 만들어 보는 거죠. 단편 영화를 만든다면, 스토리 속 여주인공은 단지 개발 중인 문구용품만 사용하는 게 아니라, 어떤 거리의 어떤 집에 사는지, 어떤 가구를 가지고 있는지, 어떤 점심을 먹는지, 옷은 어디에서 사는지 등 아주 사소한 것까지 구체적으로 생각해야만 합니다.

그러면 A 잡지를 읽은 적 없는 중년 남성이 '나는 어느 마을 어느 아파트에 사니까 주인공도 거기에 사는 걸로 하죠'라고 엉뚱한 말을 하더라도 그건 당치도 않은 얘기라는 걸 본인 스스로 알게 될 겁니다. 지금은 당신의 인생 이야기를 하는 것이 아니라는 것을요.(웃음)

미즈노 　타깃을 자기화한 또 다른 경우도 있습니다. 설정한 타깃과 같은 연령대 직원이 타깃에게 자기 취향의 옷을 입히고, 자기 취향의 잡지를 읽게 하고, 자기가 좋아하는 레스토랑에서 식사하게 한다면, 그 상품에 대한 스토리가 될 수 없기 때문에 코어 타깃 중심의 세계는 만들어질 수 없겠죠. 이건 그저 그 사람의 인스타가 될 뿐입니다.^(웃음)

야마구치 　자신과는 별개의 인격을 만들어 독립된 세계관을 만드는 것이 중요합니다. 거기에는 타깃이 느낄 수 있는 일종의 동경 같은 것도 포함해야 될 테니까요.

　지금까지는 '의미를 만든다'는 것에만 중점을 두었지만, '스토리를 만든다'는 것 또한 장차 비즈니스의 중요한 열쇠가 될 거라고 봅니다.

미즈노 　맞는 말씀이네요. 그리고 지금 말씀을 들으면서 생각해보니, 실제로 제 자신도 머릿속으로 단편 영화를 만들면서 타깃의 이미지를 떠올리고 있다는 것을 새삼 깨달았습니다. 거기에는 그 인물의 모습을 비롯해 배경으로 된 소품들까지 정보가 많을수록 타깃의 이미지를 더욱 구체화할 수 있겠네요. 이 상품을 산 사람이 어떤 표정으로 웃고 어떻게 사용하는지 등 상당히 구체적인 이미지가 떠오른다는 것을 선생님 덕분에 알게 되었습니다.

타깃은 벤 다이어그램 안에 있다

야마구치 하나 여쭙고 싶은 것은 타깃을 명확히 하면 할수록 시장 규모가 작아진다는 점입니다. 비즈니스로 보면 결코 유리한 조건이 아닌데, 회사에서는 그걸 싫어하지 않나요?

미즈노 그 점이 재미있는데요, '아이돌 그룹을 좋아하는 사람은 몇 명입니까?'라는 이야기라고 보시면 됩니다.

야마구치 무슨 뜻입니까?

미즈노 타깃은 반드시 몇 개의 원이 겹쳐 있습니다. 복잡하게 얽힌 벤 다이어그램(집합 관계를 시각적으로 알기 쉽게 만든 그림)이라고 할 수 있죠. 예컨대 '아이돌 그룹'이라는 커다란 원이 있고, 거기에 'A 잡지를 읽는 그룹'을 나타내는 원과 '수프스톡을 자주 이용하는 그룹'의 원이 겹친다고 하면, 그때 공통으로 겹친 중심 부분이 코어 타깃입니다. 그런데 여기서 타깃은 세 개의 원 모두, 즉 벤 다이어그램 전체를 목표로 하고 있습니다.

야마구치 타깃은 한정적이지 않다는 의미군요.

미즈노 하지만 여기서 중요한 건 앞에서도 언급했듯이, 코어 타깃은 대부분 잡지로 정할 수 있다는 겁니다. 특히 여성들은 자신의 호불호를 기준으로 잡지 수만큼 독자층이 나누어진다고 볼 수 있습니다. 예컨대 B 잡지를 읽는 사람은 C 잡지를 아래로 볼지도 모르거든요. 물론 반대일 수도 있겠죠.(웃음) 이런 것처럼 잡지의 특성과 독자층을 분석하면 대부분의 코어 타깃에 대한 차별적인 특징을 파악할 수 있습니다.

제 경험을 예로 말씀드리면, '브리지스톤'이 어린이용 의자가 부착된 자전거 'HYDEE.B'를 잡지 『VERY』와 함께 만들 때, '『VERY』를 읽는 타깃의 어린이용 의자가 부착된 자전거는 이런 모습이 아닐까'라는 생각만으로도 스토리와 세계관이 떠오르면서 상품이 만들어져 갔습니다.

꽤 오래된 일이긴 하지만, 2005년 '간로슈'라는 술의 리뉴얼 광고를 진행할 때, 여배우라기보다 인기 모델이었던 시절의 가리나를 광고 모델로 결정했습니다.

야마구치 간로슈는 메실주 같은 건가요?

미즈노 살구로 만든 달콤한 술로 좀 세련된 느낌의 술입니다. 그 캐릭터를 가리나로 정한 이유는 당시 그녀가 『RAY』의 전속 모델이었기 때문입니다.

아무리 달고 세련돼도 술은 술입니다. 그래서 술을 많이 마시는 여성은 어떤 여성일까 생각해 보니 술 모임이나 혼술을 좋아하는 여성의 이미지가 떠올랐습니다. 당시의 『RAY』가 20대 여성 잡지 중에서 그 이미지에 가장 가까울 것 같았죠. 그리고 『JJ』『Can Cam』『Vi Vi』『Ray』라는 남자가 보면 구별이 안 될 4종류의 잡지를 비교했을 때, 술을 좋아하는 여성과 어울릴 것 같은 잡지도 『Ray』였습니다. 더불어 지방 도시의 젊은 엄마들도 읽을 것 같은 잡지이기도 했죠.

야마구치 역시 세계관 이야기군요. 약간 화려하면서 『RAY』를 즐겨 읽고, 현지 기업에 다니는 남성과 결혼한 여성. 미니밴을 타고 황금연휴 때는 가까운 친구들과 강가에서 바비큐를 즐기는 사람들일 것 같은 이미지네요.

미즈노 바로 그런 사람들입니다. 업체에서는 술을 많이 마시지 않는 올리브 소녀(패션에 관심이 많고 영화나 음악 등의 예술 활동에 적극적인 여성)를 타깃으로 하고 싶다고 했지만, 원래 술을 마시지 않는 사람한테 팔아봐야 얼마나 팔리겠습니까.

　그래서 저는 가리나를 선택했습니다. 하지만 광고는 잡지 『Olive』와 아주 비슷한 톤으로 만들었습니다. '벤 다이어그램의 모든 원이 타깃'이라는 이론을 그대로 고수하면서, 코어 타깃인 『RAY』의 여성들을 중점적으로 끌어들이고, 한편으론 소프트 톤인 올리브 소녀에게도 먹힐 듯한 귀여움을 연출하여 타깃을 넓혔습니다.

야마구치 너무 재미있는데요. 자료를 보면 표현은 세련되고 품위가 느껴지지만, 한편으론 당시 가리나의 『RAY』다운 이미지도 제대로 나타나 있군요.

여성 마켓은 라이프 스타일이 좀 복합적인 면이 있죠. 반면 남성 마켓은 상대적으로 심플한 것 같습니다. 포멀하고, 캐주얼하고, 와일드하다는 정도의 이미지 카테고리가 대표적이고, 나머지는 전부 기타로 묶을 수 있으니까요.

미묘한 그러데이션 안에 있는 여성은 그래서 더욱 공감을 만들기가 어려울 것 같습니다. 조금이라도 세계관이 어긋나면 '이건 나랑 상관없는 것'으로 여겨져 모두에게 무시당할 가능성도 있을 테니까요.

'의미를 담은 가치'는 광고로 표현할 수 없다

야마구치 저는 광고 일을 했었기 때문인지 간혹 광고를 보면서, '이 광고에서 말하는 핵심은 뭘까'라는 생각을 하게 됩니다. 덴츠에서 일할 때 스기야마 간타로와 사토 마사히코에게 배운 것은 '광고의 궁극적인 목적은 그 사람에게 상품의 의미를 바꾼다'라는 것이었습니다. 자신과 전혀 관계없다고 생각했던 것이 광고로 인해 자신과 관계있는 것으로 바뀐다. 즉, 의미 부여가 바뀐다는 것으로 '광고는 궁극적으로 의미를 만들어 가는 것'이라고 느꼈습니다.

미즈노 '세븐일레븐 좋은 기분♪♪'을 만든 스기야마, 원숭이 캐릭터 〈바자루데 고자루〉와 NHK 교육 프로그램 〈피타고라스위치〉의 사토는 덴츠를 대표하는 크리에이티브 디렉터라고 할 수 있죠.

야마구치 두 분 모두 의미를 만들 수 있는 크리에이터이지만, 솔직히 그런 사람은 덴츠의 1%도 안 됩니다. 그리고 나머지 99%는 '필요를 충족시키는 가치'를 15초 동안 전달하는 일을 합니다.
　참고로 말씀드리면, 일본에서 광고 기준이 처음 생겨났을 무렵엔 5분 광고나 1분 광고 같은 시행착오가 있었습니다. 30초 광고 형식으로 정착된 것은 1970년대라고 합니다. 그러다가 점점 짧아져서 지금은 15초가 기본이죠.

미즈노 짧아지면 짧아질수록 '의미를 담은 가치'를 전달하기가 어려워지는 것 같습니다.

야마구치 맞습니다. 그런 점에서 '필요를 충족시키는 가치'만 담는다면 15초 동안에도 전달할 수 있지만, '의미가 있는 가치'를 전달하기 위해서는 어쩌면 책 한 권도 부족할 수 있기 때문에 15초에 다 담아내기란 매우 어렵습니다. 최소한 30초나 1분 정도가 아니면 '의미를 담은 가치'를 전달할 수 있는 매체는 거의 없다고 봅니다.

1980년대에 스기야마가 만든 '산토리 로열'이나, 사토가 만든 '코롤라 Ⅱ'도 30초였습니다. 천재라고 불리는 크리에이터의 작품도 대부분 30초 광고입니다.

광고가 15초 포맷이 되어 의미를 전달하기 어려워진 것처럼, 신문이나 잡지의 광고 또한 포맷이 작아져서 '필요를 충족시키는 가치'에 대한 정보밖에 전달할 수 없게 되었죠. 기업이 살아남기 위해서는 '필요'에서 '의미'로 옮겨가지 않으면 안 되는데, 지금의 어긋난 현실이 참 안타깝습니다.

세계관을 전하기 위해서는

미즈노　제가 존경하는 사토 마사히코의 '코롤라 Ⅱ' 광고는 자동차 성능이나 기능은 그렇게 강조하지 않은 대신 '코롤라 Ⅱ를 타면 이런 일상이 찾아올지도 모른다'라는 생각이 들게 합니다.

야마구치　그것이야말로 세계관을 알리는 광고입니다.

미즈노　'보소(보소반도) 버케이션'이라는 JR(Japan Railway)의 광고도 고이

즈미 교코가 '바닷바람이 부른다~'라고 노래한 다음 '보소 버케이션!'이라고 말할 뿐이지만, 여유롭게 전철을 타고 보소반도로 떠나고 싶어지게 하고, 그 세계관 속으로 들어가고 싶어지게 합니다. 세계관을 보여줌으로써 가고 싶게 만드는 그런 광고죠.

야마구치 광고에서 사용한 사진도 그렇게 특별하진 않지만, 어릴 적 가족 여행의 기억을 떠올리게 하는 포근한 향수가 있었습니다. 그것이 바로 '보소'라는 장소에 대한 의미 부여이고 세계관입니다. 사토 마사히코가 한때 '톤'이라고 표현했던 것이 아마도 이걸 의미했던 것 같습니다. 럭셔리를 기준으로 하면 보소는 하와이를 이길 수 없겠죠. 하지만 '정말 그립다'거나 '여름휴가는 바로 이거다'라고 하는 느낌이, 보는 사람 마음속에 자신의 추억으로 되살아납니다. 설령 그 사람이 보소 쪽이 아니라 현해탄 쪽에서 자랐다고 해도 말이죠.(웃음)

코롤라 Ⅱ도 마찬가지입니다. 음악은 제프 벡*이 아니라 일본의 싱어송라이터 오자와 켄지가 참여했습니다. '코롤라 Ⅱ를 타고 쇼핑 갔다가 지갑이 없다는 걸 알고 그대로 드라이브♪♪'라는 노랫말과 힘을 뺀 그의 자연스러

---

* 영국의 기타리스트. 독특한 프레이징과 피드백 플레이로 알려졌다. 로드 스튜어트 등과 함께 제프벡 그룹을 결성했고 'TRUTH' 등의 히트 앨범이 있다.

운 모습이 '자동차 성능은 충분히 좋아졌고, 더 호화롭게 해도 의미가 없다'라는 세계관을 표현하고 있죠.

미즈노 좋은 광고는 브랜드를 만들 수도 있다는 걸 실감합니다. 브랜딩은 세계관을 만들어 가는 일이고, 좋은 광고는 브랜딩의 한 축을 담당할 수 있죠. 애플의 'Think Different'가 바로 그런 경우입니다. 그래서 브랜드 파워를 가진 기업과 의미를 중요시하는 기업은 거의 같다고 생각합니다.

야마구치 TV 광고는 15초 틀에 얽매여 의미가 담긴 세계관을 전달할 수 없게 됐지만, 그중에는 BMW처럼 15초 틀을 벗어난 광고를 여전히 내보내고 있는 기업도 있긴 합니다.

　하지만 웹이라면 많은 제약에서 자유로워 질 수 있습니다. 최근에 본 것 중 샤넬이 유튜브에 올린 2019년에 세상을 뜬 '칼 라거펠트'의 영상이 멋있다는 느낌을 주더군요. 이것은 샤넬이라서 가능한 것이 아닙니다. 기존의 TV 광고는 15초 틀에 묶여있고 막대한 비용도 들지만, 웹에서는 비용도 들지 않고 표현의 장도 누구에게나 열려 있습니다. 물론 제작비용은 들겠지만, 스토리를 가진 사람에게는 정말 좋은 시대가 된 겁니다.

　반대로 15초 안에 전달하는 것만 생각했던 사람은, 가령 5분이란 시간이 주어지면, 되레 전달하고 싶은 것이 제대로 전달되지 않아서 난처해질 겁니다.

미즈노 　광고는 지금 과도기라고 볼 수 있습니다. 정보가 넘치다 보니 자신에게 가치 없는 정보는 뇌에서 차단해 버리는 습관이 생겼을 정도죠. 노출이 잦은 광고조차도 본 기억은 있지만, 제일 중요한 무슨 광고였는지는 기억하지 못하는 경우가 비일비재합니다. 반대로 자신에게 '의미 있다'라고 생각하면, 스스로 검색해서 일부러 정보를 찾으러 들어오죠.

　여기서 소테츠 이야기를 잠깐 하면, 소테츠에서는 앞으로 시작될 도심 직통을 대비해서 TV 광고를 만들자고 했지만, 저는 '이 예산으로 TV 광고를 해도 효과가 크지 않을 것 같다'고 만류했습니다. 그래서 그 예산으로 〈100 YEARS TRAIN〉이라는 타이틀의 약 3분 30초짜리 웹 무비를 만들었죠. 결과는 대성공이었습니다.

야마구치 　니카이도 후미와 소메타니 쇼타 주연의 전철을 무대로 한 그 영상 말씀이신 거죠?

미즈노 　네. 음악은 팬층이 두터운 '사카나쿠숑'과 '구루리'의 곡을 음악 프로듀서 '도미나가 게스케'가 매시업 편곡을 했고, YUI와 미조베 료가 새롭게 노래를 불렀습니다. 사실 세부적인 내용은 영상 제작을 의뢰한 덴츠의 크리에이티브 디렉터 '나카무라 히데타카'와 '야나기사와 쇼'에 전적으로 맡겼습니다.

제가 브랜드와 크리에이티브 디렉터로서 했던 가장 중요한 일은 딱 두 가지였습니다. 한 가지는 소테츠와 많은 회의를 통해 결정한 'TV 광고를 하지 않은 것'입니다.

야마구치   기존의 틀을 깬다는 건 쉽지 않은 일이죠.

미즈노   다른 한 가지는 영상에서 '도심 직통에 관한 정보를 최대한 배제하는 일'이었습니다. 다시 말해 '필요를 충족시키기 위한 영상'을 만들지 않기 위해 불필요한 부분을 정리하고, 정보가 아닌 소테츠가 전하고 싶은 '세계관'을 영상에 담아내는 것입니다.

소테츠에서는 일을 시작하고 5년 동안 역과 차량을 비롯해 역 내의 벤치와 자동판매기까지 작은 부분도 놓치지 않는 디자인 작업으로 브랜드 가치를 꾸준히 쌓아 왔다는 자신감이 있었습니다. 촌스러운 이미지였던 소테츠선이 '뭔가 달라졌다'라거나 '요즘 멋져졌다'라는 말을 들을 정도가 되어 있었죠. 더구나 도심 직통에 관한 '정보'는 뉴스 같은 데서 반드시 나올 내용이거든요. 그래서 도심 직통 시작에 맞춘 이번 영상은 세계관 전달에만 집중하자고 생각했던 겁니다.

결과적으로 약 3분 30초짜리 영상 안에 나오는 문자 정보는 '100년의 마음을 싣고'와 '소테츠는 도심 직통'이라는 단 두 줄이 들어간 한 번의 자막뿐이었습니다.

야마구치   보통은 어느 역까지 환승하지 않고 갈 수 있다든가, 원래 몇 분 걸렸는데 몇 분 만에 도착할 수 있다는 등의 '필요를 충족시키는' 정보를 많이 넣고 싶을 텐데요.

미즈노   맞습니다. 하지만 이번 영상에는 그런 정보가 전혀 없었습니다.

최고 경영진을 포함한 관련 임직원 앞에서 프레젠테이션을 할 때, 가편집을 마친 영상이 다 끝난 순간 쥐 죽은 듯이 조용해졌습니다. 그야말로 '이것이 과연 좋을지 어떨지, 나는 모르겠다' 뭐 그런 분위기였었죠.(웃음) 마지막에 "이것으로 된 거죠? 자, 이걸로 갑시다"라고 사장님께서 말했지만, 다른 관계자분들은 상당히 당황스러웠을 겁니다. 애초에 정보량이 많은 TV 광고를 만들려고 했었으니까요.

다행히 반응은 좋았습니다. 공개되자마자 SNS에서는 순식간에 화제가 되었고 유튜브 재생 횟수도 잠깐 사이에 100만 회를 넘어 어느새 300만 회를 넘더군요. 무엇보다 영상을 본 사람들의 평이 뜨거웠습니다. '감동이다', '눈물이 난다', '소테츠 대단해', '소테츠가 좋아졌어', '소테츠선과 연결된 곳에서 살고 싶다' 등 소테츠에 대한 긍정적인 반응이 SNS에 쫙 퍼지게 되었습니다.

그렇게 소문이 퍼지면서 '소문난 소테츠의 그 영상 진짜 괜찮던데'라며 입에서 입으로 계속 전해지게 되었죠. 보는 사람 마음에 '와 닿는' 것은 본 사람이 직접 접속해서 정보를 얻으려고 찾아오기 마련입니다. 이쪽에서 정보를 뿌리지 않아도 전달하고 싶은 정보가 자연스럽게 퍼져나가는 거죠. 더구나 최대한 문자 정보를 없앴는데도 불구하고 '소테츠가 도심을 직통한다'는 정보는 정확히 전달됐습니다. 아마 관심을 가지고 '제대로' 봤기 때문이라고 생각합니다.

설득의 시대에서 공감의 시대로

야마구치 마틴 루서 킹* 목사의 유명한 연설 기억하십니까?

미즈노 네, 기억합니다. 'I have a Dream'.

야마구치 아주 재미있는 사실은 그것이 원래 준비했던 연설이 아니라는 겁니다. 킹 목사는 중요한 자리인 만큼 경제, 정치, 법률 등 폭넓고 세세한 데이터를 준비했다고 합니다. 나아가 대졸이나 관리직 비율이 백인에 비해 훨씬 낮다는 자료도 준비했죠.

---

* 미국의 목사, 흑인 해방 운동 지도자. 비폭력 행동주의. 1964년 노벨평화상 수상. 유세 중에 암살되었다.

미즈노 정말 진지한 연설이었겠네요.

야마구치 킹 목사는 아주 예리한 사람이라 아마도 처음에 준비한 연설을 하면서 청중들 가슴에 와 닿지 않는다고 느꼈을 겁니다. 게다가 옆에 있던 킹 목사 지지자인 한 여성이 '늘 하던 dream 이야기를 들려달라'고 줄곧 말했다고 합니다. 그래서 한참 하던 연설을 그만두고 잠시 침묵을 지키다가 갑자기 'I have a Dream'을 시작한 겁니다.

  그때까지 흑인 실업률 몇 퍼센트 같은 지루한 내용을 듣고 있던 청중들이 'I have a Dream'이란 말이 나오자 '뭐지?'라며 반응을 보이기 시작합니다. '이런 미래가 보인다'라는 킹 목사의 이야기를 들으면서 그 세계관을 공유하게 된 겁니다.

미즈노 그게 미국 역사에 길이 남을 만한 명연설이 되었네요.

야마구치 킹 목사도 처음에는 지금의 현실과 데이터로 설득하려고 했을 겁니다. 하지만 '이 부분이 부족하니 이렇게 하면 더 좋은 세상이 될 것이다'라는 설득을 위한 연설을 계속했다면, 머리로는 맞다라고 생각했겠지만, 가슴에 와 닿지는 않았을 겁니다.

  그렇지만 갑작스러운 침묵 뒤에 나온 'I have a Dream'은 논리력도 설득력도 없이 그저 꿈같은 세상 이야기를 했고, 청중들은 그 연설을 머리로 이해하려고 하지도 않았습니다. 그래도 다들 킹 목사가 말하는 세상이 '좋은 세상임이 틀림없다'라고 믿었고, 그들의 마음이 움직이기 시작했던 겁니다. 공감한 거죠. '머리로는 알지만 마음이 움직이지 않는다'와 '머리로는 몰라도 마음이 움직인다'를 비교했을 때, 앞으로 필요한 것은 말할 것도 없이 후자입니다. 설득의 시대인 20세기가 끝나고, 지금부터는 공감의 시대라고 보고 있습니다.

미즈노　설득에서 공감으로. 정말 그렇습니다. 그것과 더불어 전달하는 행위 그 자체도 전달받는 사람을 중심으로 변하고 있음을 실감합니다.

디자인 본질은 개성을 부여하는 것

야마구치　대표님 이야기를 듣고 있으면, 디자인의 정의가 잘못 이해되고 있다는 생각이 듭니다. 디자인, 예술, 감성 등은 일반적으로 비주얼커뮤니케이션의 세계로 축소되어 받아들여지기 쉽지만, 실제로는 세계관을 표현하는 더 폭넓은 세계가 아닐까요? 저는 디자인의 본질은 개성을 부여하는 일이라고 믿거든요.

미즈노　맞습니다. '디자인이란 외관을 멋지게 꾸미면 된다'라는 '오해'가 여전히 만연해 있습니다. 그래서 디자인은 단순히 시각적인 것이 아니라고 말하지만, 좀처럼 전달이 잘되지 않는 것 같습니다.

야마구치　제가 존경하는 시라쓰치 겐지는 지금은 은퇴했지만, 덴츠에서 오랫동안 도요타 자동차의 일을 하셨습니다. 본인을 '돌팔이'라고 소개하시곤 했었죠.^(웃음) 그분은 '도요타는 사람을 보지 않는다'라는 문제의식을 줄곧 가지고 있었는데, 하루는 이런 설문지를 만들었습니다. 종이 오른쪽에는 도요타의 여러 자동차 사진을 나열해 놓고, 왼쪽에는 각 자동차의 광고 문구를 적어놓았습니다. '영혼을 깨우는 달리기', '스마트하고 액티브한 스타일' 같은 광고 문구를 적어둔 거죠. 그런 다음, 차종과 광고 문구를 서로 맞게 선으로 연결하는 일종의 테스트 같은 설문지였습니다.

미즈노　어려웠겠는데요. 다른 데도 아닌 도요타라면....^(웃음)

야마구치　역시 예리하십니다.^(웃음) 이 설문지는 임원들도 제대로 적지 못했습니다. 솔직히 광고 문구를 보면 다 거기서 거기, 모두 비슷한 말들이 적혀 있거든요. 자동차의 차별화, 즉 캐릭터 만들기가 전혀 되어 있지 않아서 광고 문구 또한 거기서 거기라고 시라쓰치는 주장했지만, 도요타는 그것을 받아들이지 못한 것 같습니다.

미즈노　저도 아주 예전에 도요타와 일을 한 적이 있습니다. 그때 공부가 많이 됐죠. 제가 맡았던 일은 차에 탑재된 어떤 기능에 관한 신문광고였지만, 그 광고를 위해 거의 반년 동안 완성도 높은 시안을 758개나 만들었습니다.⁽ᵂᵘ⁾

　우선 담당자를 상대로 한 프레젠테이션 단계에서 몇 번이나 퇴짜를 맞고, 다음엔 과장을 상대로 한 프레젠테이션에서 또다시 퇴짜를 맞고. 과장이 OK를 하면 이번에는 부장 선에서 퇴짜. 이런 일을 몇 번 반복해서 임원에게 넘어갈 즈음에는 전혀 다른 안이 되어 있었습니다.

　요즘 도요타는 당시와는 상당히 달라졌다는 생각이 들지만, 적어도 그 당시 도요타라는 기업을 강에 비유하면 하류에 있을 만한 돌을 만들고 있다는 느낌이었습니다.

야마구치　그건 무슨 뜻입니까?

미즈노　하류의 돌은 흘러가는 동안에 모서리가 깎여서 모두 동그란 모양으로 비슷해지거든요. 갈리고 닦여서 모서리가 없어진 것인지, 단순히 깎여서 그렇게 된 것인지는 모르겠지만, 비슷한 돌들로 가득한 강변의 풍경은 너무 아름답고, 각지지 않아 만져도 위험하지 않으며, 부드러운 원형은 누구라도 손에 들면 예쁘다고 생각할 겁니다. 상류에 있는 울퉁불퉁한 돌과는 전혀 다르죠.

상류의 돌은 색도 모양도 제각각입니다. 그렇지만 '이 돌의 좋은 점은 나만 알고 있어'라는 느낌의 특별한 뭔가가 있죠.(웃음) 하지만 제가 도요타와 일했을 당시에 경험한 것은 대부분의 사람이 '나쁘지 않네'라고 느낄 포인트만 찾는 것 같았습니다. 도요타는 일본 경제를 지탱하는 기업이니만큼 과감한 모험을 하기가 좀처럼 쉽지 않았을 겁니다. 또 그런 방식으로 운영해 왔기에 지금같은 대기업이 될 수 있었다고 봅니다. 다만, 그러다 보면 자동차 자체도 그렇지만, 광고 표현도 결국 가시 없는 장미처럼 될 수밖에 없는 어려움도 있습니다.

야마구치 돌에 비유할 수 있어서 재미있고 신선하군요. '누구나 좋아하는 것'보다 '누구도 싫어하지 않는 것'은 그렇게 많이 필요하지 않습니다. 좋고 나쁨을 떠나 차별화된 개성으로 상품을 디자인하지 않는 경우라고 생각합니다.

스토리가 있는 네이밍

미즈노 저는 오랫동안 나카가와 마사시치 상점과 일하고 있지만, 처음에는 매장이 지금처럼 많지 않았고, 브랜드도 확립되지 않았습니다. 처음 저한테 들어온 의뢰는 쇼핑백을 다시 디자인해 달라는 것이었습니다.

그런데 제가 워낙 참견하기를 좋아하는 성격이라 부탁받지도 않은 일까지 하고 싶어진 거죠.(웃음) 상점의 여러 가지 물건과 상황을 지켜본 후 '나카가와 마사시치 상점'이라는 이름 자체를 돋보이게 하고 싶다는 제안을 했습니다. 상호 자체가 이미 디자인된 상태이기 때문에 그 자체를 강조해서 '나카가와 마사시치 상점'이라는 새로운 브랜드를 만들면 좋겠다고 말했죠.

그건 나카가와 마사시치 상점뿐만 아니라 편의점에 진열되어 있는 음료나 과자도 강조하는 포인트만 바꾸면 매력을 발산할 수 있는 것들이 얼마든지 있습니다. 포장을 바꾸거나 이름만 바꿔도 잘 팔리는 상품들이 많이 있거든요.

야마구치 '나카가와 마사시치 상점'이란 이름이 예전 공예품 시장에서는 별 특색 없는 존재였지만, 이름을 비롯한 몇 가지 작은 부분에 변화를 주면 더욱 성장할 수 있을 것 같은 잠재력을 느끼셨군요.

1716년부터 이어져 오고 있는 나라(지명)의 나카가와 마사시치 상점. 이 사실만으로도 믿음직한 안정감이 느껴지는군요. 수작업으로 공예품을 만들고, 믿을 수 있는 정확한 품질, 멋진 라이프 스타일을 제안하는 곳, 거기에 고풍스러운 이름이 잘 어울리는 가게. 이런 개성을 입혀 브랜드를 만들어내신 거겠죠.

만약 이 상점이 도쿄 어디쯤 있는 50년 역사의 '나카가와 마사시치 상점'이었다면, 상호가 어울리지 않으니 알파벳으로 이름을 바꾸자는 의견이 나왔을지도 모르겠습니다.

미즈노 그렇네요. 디자인도 일본풍과 서양풍을 조금씩 섞었겠죠. 적어도 사슴 마크는 만들지 않았을 겁니다.^(웃음)

야마구치 그 느낌 백프로 공감합니다. 이건 다른 얘기지만, 연예인 이름도 역시 중요한 것 같습니다. 예를 들면 이시다 준이치. 본명은 '이시다 타로'라고 하는데, 그 이름으로는 당시 트랜디 드라마의 멋진 남자 역할을 따내기 힘들지 않았을까요. 어디까지나 가정에 불과하지만 어쩌면 그럴 수도 있었겠다는 생각이 들더군요.

더 재미있는 경우는 야자와 에이키치입니다. 그는 데뷔할 때 꽤 고민했다고 합니다. 야자와는 그런대로 괜찮지만 에이키치라는 이름이 너무 촌스러웠다나요.^(웃음)

미즈노 그러네요. 할아버지 세대의 느낌이 있네요.

야마구치 결국, 그 사람만의 이미지 전략이겠지만, 야자와 에이키치란 이름 그대로 캐럴을 발표합니다. 가죽점퍼에 리젠트 헤어스타일(엘비스 프레슬리의 머리 모양)로 락을 부르면, 세련된 이름이 아닌 촌스러운 에이키치라는 이름 덕에 기본이 갖추어진 가수라는 이미지가 부각되고, 그렇게 되면 에이키치라는 촌스러운 이름이 독특하면서도 멋있게 보일 거라 생각했다고 합니다.

미즈노   확실히 '야자와 준이치'였다면 좀 다를 것 같네요.(웃음) 역시 '에이키치'가 어울리고, 애칭도 '에짱'으로 불러야 목에 두른 수건과 매칭이 될 것 같습니다.

Patagonia와 Apple의 회사명에서 보는 세계관

야마구치   네이밍도 세계관을 만드는 중요한 요소입니다. 그런 의미에서 아주 잘 만들어진 Patagonia는 미국 등산가 이본 쉬나드가 창업했고, 창업 당시 회사명은 '쉬나드 이큅먼트'였습니다.

미즈노   처음에는 등산용품을 만들어 팔았던 회사라죠? 만약 야마구치 선생님께서 창업하신다면 '주식회사 야마구치 용품점' 같은 지나치게 직설적인 네이밍이네요.(웃음)

야마구치 등산용품을 비롯해 아웃도어 의류까지 만들면서 비즈니스를 확장하게 되는데, 그 과정에서 '쉬나드 이큅먼트'라는 회사 이름을 바꾸지 않았다면, 지금처럼 대기업으로 성장할 수 없었을 겁니다. 1970년대 초 'Patagonia'로 회사 이름을 바꾼 것은 앞으로의 비즈니스를 위한 탁월한 선택이었다고 생각합니다.

　20세기에 들어와 등산이나 아웃도어라는 문화가 생겨났고, 70년대에 들어서면서 사람들의 발길이 닿지 않는 곳이 없을 정도로 전 세계의 자연은 그 모습을 드러내게 됩니다. 하지만 파타고니아는 유럽이나 북미의 대다수 사람들에겐 가본 적이 없는, 그야말로 자연이 그대로 남아 있는 최후의 비경 같은 곳이었죠.

　물론 이 회사가 일찍부터 환경보호나 지속가능성에 힘을 쏟았기에 Patagonia의 활동 자체는 지금도 사람들 뇌리에 하나의 스토리로 남아 있습니다. 거기에 '파타고니아'라는 지명이 가진 이미지가 메아리처럼 울려 퍼지는 시너지 효과도 얻게 되죠. 한 지역이 가지고 있는 보편적인 이미지를 브랜드로 활용하여 성공한 모델이라고 볼 수 있습니다.

미즈노 'Apple'도 매우 심플하지만 인상 깊은 이름이죠.

　스티브 잡스가 전에 근무했던 'ATARI'라는 컴퓨터게임 회사보다 전화번호부에 먼저 나오는 이름으로 선택했다

는 등 여러 설이 있지만, 평전『스티브 잡스』(월터 아이작슨* 저)
에 따르면, 과일을 즐겨 먹는 잡스가 당시 사과를 자주 먹
었다는 사실과 마침 사과 농장에서 막 돌아왔을 때 지은
이름이기 때문이라고 합니다. 그런데 만약 바나나를 즐겨
먹고 있었다면? 지금의 'Apple'은 'Banana'가 되어 있었
겠죠.(웃음)

야마구치　Apple은 Patagonia와 정반대 경우군요. 평범한 사과로
시작해서 거기에 자신들이 실제로 쌓아온 정보를 모아
스토리를 만들었으니까요.

　스티브 잡스는 영국의 애플 레코드 애호가였고, 서부의
히피 문화도 체험했습니다. 'Apple'이란 이름에는 그들
의 비즈니스뿐만 아니라, 70년대와 80년대 캘리포니아의
자유로움, 샌프란시스코의 실리콘밸리를 중심으로 해서
기술로 세계를 바꾼 흐름 그리고 기성 문화에 대항하는
새로운 가치관을 근거로 한 문화까지 전부 함축되어 있
습니다. Apple이라는 회사가 바로 그런 세계관을 만들었
습니다.

---

*　『타임』지 편집장, CNN의 CEO를 거쳐 아스펜 연구소 이사장 겸 CEO. 작가로도활약.

세계관은 당신과 관계를 맺는다

미즈노   저는 상품이 됐든 기업이 됐든 '코어 타깃은 절대로 존재
해야 한다'라고 생각합니다. 그 이유는, 선생님께서 말씀
하신 '개성을 만들어 가는 작업'의 뼈대이기 때문입니다.
개성을 만드는 일은 나무로 치면 줄기를 만드는 일이기
도 합니다.

   그 줄기에서 잎과 가지가 뻗어나가 세계관을 만들게 되
는 거죠. 네이밍 외에도 다양한 가지와 잎이 존재할 거라
생각합니다.

야마구치   '문학작품을 읽고 거기에서 인물의 특징을 찾아낸다'라
고 문예평론가 고바야시 히데오가 말했는데, 저는 브랜
드도 이와 비슷하다고 봅니다. 반대로 하는 방법이지만,
인물을 먼저 설정한 다음 스토리를 전개해서 세계관을
만드는 것입니다.

미즈노   코어 타깃을 정해서 그 사람을 주연으로 하는 단편 영화
의 시나리오를 쓰는 작업과 같네요. 그게 제가 저희 직원
에게 가르치거나 이 책의 독자분들이 바로 실행할 수 있
는 그런 건가요? 문학작품을 만든다고 하면 아주 고도의
작업이란 느낌이 들거든요.

야마구치   대표님은 이미 하고 계실 거라 보지만, 일단 줄기만 있으면 가지와 잎은 쉽게 뻗어나갈 수 있으니 방법을 간단하게 설명하겠습니다.

개성을 규정할 수 있는 것은 여러 가지가 있습니다. 그중에 하나를 기준으로 해서 생각해 보면 좋을 것 같습니다. 조금 전에 말씀드린 시라쓰치가 사용한 것은 음식입니다. 예를 들어 좋아하는 음식이 '돈가스'인 사람과 '오리 콩피'인 사람은 전혀 다른 타입의 사람이라고 할 수 있겠죠. 그래서 시라쓰치는 도요타에 자동차를 음식에 비유하는 워크숍을 제안했다고 합니다. '이 차종은 음식에 비유하면 나폴리탄이네요. 약간 서양식이지만 영혼은 일본'이라고 하는 방식이죠.^(웃음)

미즈노   그거 해보고 싶은데요.^(웃음) 아주 재미있는 기획 같습니다. 저는 '~느낌'이라는 것을 자주 사용합니다. 대학에서 학생들과 함께 해본 적도 있습니다.

예를 들어 곰의 캐릭터를 잡을 때는 '그 곰은 테디베어처럼 서양 느낌인가? 아니면 불곰처럼 일본 느낌인가?'라며 '~느낌'이란 말로 분류해 갑니다.

양말 브랜드를 만든다면, 양말은 '북반구 느낌인가, 남반구 느낌인가?', '미래 느낌인가, 현대 느낌인가 아니면 고풍스러운 느낌인가?' 또는 '어떤 사람 같은 느낌인가?' 등 대상물과 전혀 관계없는 것에 비유하면서 '~느낌'을 찾아보는 겁니다. 그렇게 하면 그 상품 자체에 어떤 고유한 매력이 있는지가 뚜렷해져 디자인이나 브랜딩의 방향성이 명확해지거든요.

야마구치 그 방법은 매우 감각적으로 보이면서도 매우 실용적이네요. '~느낌'처럼 음식도 끝없이 나올 것 같은데, 도요타는 '시라쓰치가 하는 말은 잘 이해되지 않는다'라며 그 워크숍을 일언지하에 거절해 버렸다고 합니다.(웃음)

제 자신을 그 방법으로 생각해 보면, 컨설팅 회사에서 야근했던 일이 떠오릅니다. 예전 외국계 컨설팅 회사는 밤늦게까지 일하는 게 보통이었죠.

밤 12시나 1시쯤에 출출해서 아래 편의점에 내려가 컵라면을 집어 들 때, 문득 영화 『필라델피아』가 떠올랐던 적이 있습니다.

미즈노 톰 행크스가 에이즈에 걸린 동성애 변호사로 나온 영화를 말씀하시는 거죠? '에이즈에 걸린 사람을 사무실에 둘 수 없다'는 이유로 부당하게 해고되자, 자신이 근무했던 변호사 사무실을 고소한다는 아주 진지한 내용이었죠. 90년대 초라서 동성애자나 에이즈에 대한 편견이 많이 남아있던 시대이기도 했습니다.

야마구치 맞습니다. 그때 제가 떠올린 건 『필라델피아』에 나오는 톰 행크스의 스타일입니다. 해고되기 전에는 멜빵바지 차림이 잘 어울리는 실력 있는 변호사였기에 매일같이 많은 업무를 처리했었죠. 그런 톰 행크스가 고층 건물에 위치한 멋진 사무실에서 밤늦은 시간에 배달시킨 중국식 면 요리를 먹으며 컴퓨터로 일하는 장면이 나옵니다. 넥타이를 풀면서 정신없이 먹는 모습이 왜 그렇게 멋져 보이던지.(웃음)

그 장면을 떠올렸을 때, 고층 빌딩에 있는 야경이 멋진 사무실에서 야근하며 먹는 음식치고는 컵라면이 너무 초라하다 싶더군요.(웃음)

미즈노   이해됩니다.(웃음)

야마구치   편의점에서 중화요리를 팔 리도 없고 해서 고른 것이 컵라면이지만, 그래도 핫 칠리누들 정도라면 그나마 낫겠다는 생각으로 골랐던 기억이 나네요.(웃음)

제 이야기는 여기까지 하고....

브랜드 만들기가 뛰어난 사람은 바로 영화의 한 장면에 흐르는 문맥을 만들 수 있는 능력으로 결정된다고 생각합니다. 브랜드를 잘 만드는 사람은 대표님께서 말씀하신 '~느낌'의 정확도를 높일 수 있는 사람입니다. 그래서 꼭 멋진 문맥이 아니라 상황에 맞춘, 때로는 투박한 문맥, 때로는 예쁜 문맥도 있을 겁니다.

볼펜이든 자동차든 가전제품이든 모두 마찬가지입니

다. 그것이 사용되는 세계를 스토리의 구성이라고 봤을 때, 스토리의 맥을 이어갈 수 있는 세계관이 있다면 반드시 사람들 마음에 다가갈 수 있다고 생각합니다. 그러면 '아, 이거 내가 쓰는 볼펜이네!' 하면서 호감을 갖게 되는 거죠.

미즈노　이 경우 관계성이라고 해도 될 것 같습니다. 단지 하나의 볼펜일 뿐이지만, 자신과 직접적인 관계를 맺는 물건이 되거나 '이런 볼펜을 사용하는 생활을 하고 싶다'라는 동경의 형태가 되어 그 사람과 관계성이 생기게 되거든요. 그렇게 되면 '그 물건을 갖고 싶다'라거나 '사야겠다'라는 마음으로 이어지게 됩니다.

꾸준히 관찰하는 것 자체가 재능

야마구치　스토리를 만드는 방법에는 두 가지 접근법이 있습니다. 하나는 자신이 직접 스토리를 만들어서 그것을 엮어가는 방법. 자기 자신이 작가가 되는 거죠.
　다른 한 가지는 이미 존재하는 스토리의 세계관을 활용하는 방법입니다.

미즈노　작가가 된다는 첫 번째 접근법은 무에서 시작해 캐릭터를 만들어내는 거군요. 무에서 시작하는 것은 아니지만, 저도 코어 타깃의 캐릭터를 상상하곤 합니다.

독립한 지 얼마 되지 않아 일이 전혀 없을 때, 그땐 사무실이 있는 에비스에서 시부야까지 걸어가 충견 하치코 동상 부근에 앉아 하염없이 사람들을 바라보곤 했습니다. 저 사람은 몇 살일까? 어떤 일을 할까? 어떤 취미를 가지고 있을까? 그때가 아침이면, 지금 근무 중인 걸까? 아니면 밤새 술 마시고 이제야 귀가하는 걸까? 이유는 잊어버렸지만, 반나절 정도 앉아서 혼자만의 게임을 한 거죠.

야마구치 엄청 좋은 훈련이 되었겠는데요. TED^(Technology Entertainment Design)에도 공항에서 사람들을 관찰했다는 내용의 강연이 있습니다.

미즈노 제가 그때 했던 건 훈련이라기보다 무료함을 달래기 위한 놀이였을 뿐이죠.^(웃음) 에비스 가든 플레이스 옥상도 무료로 올라갈 수 있어서 밤이면 자주 갔었습니다.

멍하니 보고 있노라면, 야경인데도, 한 곳에 시선을 집중시키면 하나의 창문이 보였습니다. 야근하면서 컵라면 먹을 준비하는 사람,^(웃음) 싸우기도 하는 사람, 전화하고 있는 사람 등 보고 있으면 참 재미있었습니다. 그때의 놀이가 코어 타깃의 스토리를 생각할 때 은연중에 도움이 되는 것 같습니다.

지금도 전철을 탈 때면 창밖의 집들을 보면서 '이 집은 이런 가족 구성이겠구나...'라고 상상하곤 합니다.

야마구치 사람 관찰이 스토리를 만드는 재료로 대표님 안에 확실히 자리 잡고 있을 겁니다. 그리고 반나절이나 관찰할 수 있다는 건 재능이라고 생각합니다. 장기기사 하부 요시하루도 '꾸준히 한다'라는 것은 재능이라고 했습니다.

미즈노 하부 요시하루의 장기 재능과 제가 일이 없어서 하치코 동상 앞에 앉아 사람들 보고 있는 것이 재능이라고 해도 매우 다를 것 같은데요.^(웃음)

야마구치 그렇지 않습니다. 하부 요시하루 이야기는 꾸준히 지속한다는 것이 핵심입니다.

물론 장기는 재능이 있어야 하겠죠. 장기연맹 같은 곳에 소속된 아이는 보통 아이들보다 월등한 재능이 있을 겁니다. 하부 요시하루가 그런 것처럼 그 아이들 중에는 분명 천재도 있을 겁니다.

다만 그 아이들이 프로가 돼서 활약할지, 실력이 늘지 않아서 그만둘지 그 분기점은 선천적인 재능과 별로 관계없다고 생각합니다. 하부 요시하루는 하루 8시간 정도, 매일같이 장기 공부하는 생활을 몇십 년 꾸준히 지속할 수 있는가? 그 한 가지에 달려 있다고 했습니다.

결국 좋아해야 계속할 수 있는 겁니다. 하부 요시하루는 장기가 좋아서 30년간 대국이 있든 없든 아무리 힘들어도 하루에 최소한 5~6시간씩 장기를 연구했다고 합니다. '재능이란 무엇인가? 그건 결국 꾸준히 할 수 있는가 라고 생각한다'라는 하부 요시하루의 이야기를 들으면서, 이 사람은 진심으로 장기를 좋아한다는 것이 느껴지더군요. 그리고 보통 사람은 2시간씩이나 전철 창밖으로 스치는 집들에 대해 상상하기 쉽지 않습니다.^(웃음) 그러니 그것 또한 대표님 재능이죠.

미즈노 그렇게 대단한 건 아닌데.^(웃음) 어쨌든 분명한 건, 좋아하면 일을 잘하게 된다는 겁니다.

좀 전에 하던 이야기로 돌아가서, 말씀하신 스토리를 만드는 다른 하나의 접근법 '이미 존재하는 스토리의 세계관을 활용한다'라는 것을 마저 가르쳐 주시지요.

'007' 레버리지 대작전

야마구치 이미 존재하는 스토리의 세계관을 활용해 성공을 거둔 경우도 많고, 적용하기 쉽다는 장점도 있습니다. 대표적인 예가 바로 '007'입니다. 여기서 '제임스 본드'는 영국 어느 부잣집 귀족의 아들이며, 부모가 등산 중 사고로 세상을 떠나 막대한 유산을 물려받게 됩니다. 용모 수려하고, 스포츠 만능에 두뇌까지 명석해서 모든 일이 너무 손쉽다 보니 일상이 따분하기만 합니다. 그래서 영국 첩보부 MI6에 근무하면서 제일 위험한 일을 하고 싶어 했죠. 이런 세계관이면 스토리를 거의 무한대로 만들 수 있을 겁니다.

미즈노 영화에서 만든 이미지로 생각했는데 원작이 있나요?

야마구치 네, 이언 플레밍의 소설입니다. 거기에 '제임스 본드는 애스턴 마틴 애호가'라는 설정도 이미 있습니다. 그래서 영화 3번째 작품『골드 핑거』에서 '비밀 병기를 탑재한 특수 자동차'로 등장한 애스턴 마틴은 확고한 브랜드로 입지를 다지게 됩니다. 애스턴 마틴은 확실히 '007'이라는 기존에 있는 스토리의 세계관을 적절하게 활용함으로써 브랜드화에 성공한 예라고 할 수 있습니다.

미즈노 제임스 본드의 세계관은 분명히 애스턴 마틴을 동경하는 타깃의 세계관과 제대로 일치하겠네요.

야마구치 애스턴 마틴이란 브랜드는 '영국 귀족' '제임스 본드'라는 이미지와 네트워크를 형성했고, 그 안에는 어마어마한 정보가 함축되어 있습니다.

금욕적이지만 일종의 퇴폐성이 있다. 독일 같은 강한 진지함이나 이탈리아의 라틴적인 느낌은 없지만, 르망 24 경주에는 매우 강하다. 이런 이미지가 합해져서 '매우 영국적인 럭셔리'라는 세계관이 만들어지게 되었습니다.

포르쉐도 '독일' '기계공학의 정수' '페르디난트 포르쉐 박사' '공랭' '르망 24' 등의 세계관이 포함되어 있고, 스티브 맥퀸과 제임스 딘을 활용한 효과도 훌륭했습니다. 이렇게 되면, 고객은 포르쉐를 소유함으로써 자신이 포르쉐 세계관의 주인공이 될 수 있다고 느끼게 됩니다. 포르쉐의 역사에 자신이 지금 참여하고 있다는 사실이 포르쉐를 좋아하는 사람에게는 더할 나위 없는 만족감을 가져다주겠죠. 브랜드라 함은 바로 이런 거죠.

미즈노 일본 자동차 중에서는 그런 세계관을 가진 차가 떠오르지 않네요. 렉서스는 할리우드의 유명인들이 타는 것 같긴 하지만요.

야마구치 렉서스가 처음 나왔을 때, 도쿠다이지 아리쓰네는 신차에 대한 평론 기사에 "에어컨 버튼을 누르면, 더울 때 찬물을 끼얹듯 시원한 바람이 나온다. 마치 일본의 손님 접대 방식 같다"라고 했습니다. 렉서스 성능과 도쿠다이지 거장의 표현력은 정말 뛰어났지만, 브랜드에 대한 의미가 담긴 정보가 너무 없습니다.

미즈노 맞습니다. 유명 인사가 탔다는 정보는 있지만, 브랜드 의미가 담긴 세계관은 찾을 수 없습니다.

야마구치 '007' 이야기가 나오면 끝이 없어서 조금 삼가고 싶지만,(웃음) 하나만 더 예를 들면, 칵테일 중에서 마티니가 유명한 이유도 역시 '007' 세계관의 영향 때문이라고 생각합니다.

마티니는 원래 진을 베이스로 해서 저어 가며 만든 칵테일이지만, 제임스 본드는 진 대신 보드카를 넣어 젓지 말고 흔들어서 해달라고 주문합니다. 이런 독특한 취향이 제임스 본드라고 할 수 있죠. '한가운데'보다는 오히려 조금 빗나간 곳을 고집하거든요.

미즈노 지금도 지구상의 어느 바에서 보드카 마티니를 셰이커로 주문하는 남자가 있을 것 같네요.(웃음)

세계관에도 업데이트가 필요하다

야마구치 이언 플레밍의 세계관은 60년대 문화와 사회 그리고 풍속을 기반으로 만들어졌습니다. 초대 제임스 본드 숀 코네리와 애스턴 마틴, 마티니, 런던 세빌로우에서 맞춘 양복은 전부 60년대와 조화를 이룬 세계관에 그대로 가져

오더라도 위화감은 전혀 없었을 겁니다.

1995년에 5대 제임스 본드로 '피어스 브로스넌'이 선정되었을 때의 에피소드가 재미있습니다. 역대 제임스 본드는 '숀 코네리'나 '로저 무어'처럼 강인한 인상의 배우였지만, 브로스넌은 소탈하면서도 섹시한 느낌의 배우였습니다. 그래서 기존 제임스 본드 캐릭터 설정을 모두 작성한 후, 반드시 유지해야 할 것을 제외한 나머지는 업데이트했다고 합니다.

미즈노　원형은 그대로 유지하면서 시대에 맞춰 업데이트한다. 비즈니스에서도 적용할 수 있는 이야기네요. 물론 현재 유명한 브랜드나 기업은 꾸준한 업데이트로 지금의 자리에 올 수 있었을 겁니다.

야마구치　맞습니다. 예를 들어 자동차의 경우, 애스턴 마틴은 구시대적인 이미지가 있어서 브로스넌은 BMW를 탔습니다.

양복도 브리오니로 바뀌었죠. 세빌로우는 브랜드가 아니라 귀족들이 주로 찾는 맞춤 양복점 거리의 이름입니다. 마치 할아버지 때부터 단골이던 분들이 애용할 것 같은 이미지가 있죠. 그래서 '1995년의 영국 귀족 자제는 옛날부터 내려오는 양복점에서 만든 영국 양복보다는 캐주얼한 이탈리아 고급 양복을 고르지 않을까'라는 분위기가 형성됐던 겁니다.

이때 가장 큰 논쟁이 '스키냐, 스노보드냐'라는 문제였다고 합니다. 원래 설정은 제임스 본드가 스키 올림픽 대표 상비군이었지만, 시대는 스노보드로 바뀌고 있었습니다. 매우 치열한 논쟁 끝에 스키로 결론 내렸습니다. 이 논쟁은 '세계관과 개성'이라는 문제를 생각할 때 매우 흥미로운 부분이라고 봅니다.

미즈노　원형을 그대로 유지한 셈이네요.

야마구치　저는 '스키를 스노보드로 바꿔선 안 된다'라는 이 판단이 매우 중요했다고 생각합니다. 업데이트는 필요하지만, 자칫 지나치게 되면 영화의 인기는 떨어졌을 겁니다. 제임스 본드는 남자들이 동경하는 남자, 영국 귀족의 자제이면서 부자, 스포츠 만능에 정신력도 강하다, 게다가 여자들에게 인기도 많다. 이런 요소들을 모두 고려하여 '스노보드가 아니라 스키'라고 판단할 수 있다는 것은 세계관을 지키고 세계관을 구축하는 실마리라고 봅니다.

미즈노　말씀을 듣다 보니, 얼마 전에 갔던 '아만 교토'도 비슷한 케이스인 것 같습니다. 세계 각지에서 스몰 럭셔리 호텔을 운영하고 있는 아만 그룹이 일본에서는 도쿄와 이세에 이어 2019년 11월 교토에 오픈했는데, 더할 나위 없이 멋진 곳이었습니다.

약 32만 제곱미터나 되는 광활한 숲속에 이끼가 낀 오래된 돌담과 포석이 쫙 깔린 길이 끝없이 이어져 있고, 실개천의 물 흐르는 소리가 들려 마치 시대를 뛰어넘은 듯한 느낌이 드는 곳이었습니다. 엄청나게 큰 돌다리가 여러 개 있는데, 유적 애호가였던 전 소유자가 전국에서 모은 것으로 지금은 도저히 구할 수 없는 매우 훌륭한 돌들이라고 합니다.

원래는 니시진오리의 명가가 소유하고 있던 그 땅에 직물 박물관을 만들겠다는 꿈을 가지고 조경을 시작했지만, 그 후 관리하지 않은 채 방치되어 있었다고 합니다. 그것을 아만이 인수해서 준비 작업부터 20년이라는 세월을 들여 완성한 겁니다. 물론 원래 정원이 가지고 있던 아름다움은 그대로 보존한 채로요. 숲속에 띄엄띄엄 자리한 객실은 커다란 편백나무 목욕탕과 다다미 등 일본적인 요소를 갖추고 있으면서, 서양적인 분위기까지 살린 미니멀하고 쾌적한 공간이었습니다.

야마구치 수많은 아만의 건축에 참여했던 케리 힐(2018년 사망)은 토지의 매력을 살리는 건축가로 유명하죠.

미즈노 네. '아만 교토'에서도 그 특기를 잘 살려서 조용하고 안정감 있는 일본적인 아름다움에 참신함을 더한 멋진 공간을 만들어냈습니다. 제가 갔을 때는 유럽이나 미국에서 온 투숙객이 대부분이었는데, 다들 나름의 방식으로 즐기고 있었습니다.

일본 국내에서 전통적인 무언가를 만들려고 하면, '전통'을 지나치게 중시한 나머지 여러 제약을 받기 쉽습니다. 하지만 핵심이 되는 정말로 중요한 부분은 유지하면서, 시대에 맞춰 업데이트해 가는 자세가 중요하다고 생각합니다. 이건 브랜드를 유지하기 위해 절대적으로 필요한 조건이기도 합니다.

아폴로의 달 착륙이 미국의 홍보영상이다?

미즈노   브랜드 파워가 있는 기업은 레버리지의 토대가 되는 스토리조차 직접 만든다는 게 정말 대단한 것 같습니다.

예를 들면, 에르메스는 '마구 만드는 기술을 살려서 가방을 만들기 시작했다'라는 실제 정보를 모아 스토리를 만들어냈습니다. 선생님께서 말씀하신 Apple과 같은 방법이지만, 이것만이 아닙니다. 제인 버킨*에게 '버킨'백을 선물한 일화는 에르메스가 '에르메스 스토리'를 직접 만들어낸 사례이고, 그것이 레버리지 효과를 발휘하게

---

*   주로 프랑스 영화에서 활약하는 영국인 여배우. 대표작으로는 『나는 나보다 더 당신을 사랑해요』, 『아무도 모르게』 등이다. 여배우 샤를로트 갱스부르가 그녀의 딸이다.

됩니다.

만약 『티파니에서 아침을』이라는 영화에 티파니가 전략적인 지원을 했다면 '티파니가 스스로 스토리를 만들어 레버리지한 것'이라고 볼 수 있습니다.

보석 브랜드의 메이저는 유럽을 주 무대로 하고 있었고, 당시 티파니는 주로 미국 내에 알려진, 상대적으로 규모가 작은 회사였습니다. 그런 티파니가 전 세계적으로 이름을 알리게 된 것은 영화의 영향이 컸다고 생각합니다.

야마구치　트루먼 카포트* 원작에는 그늘지고 복잡한 세계관이지만, 영화에서는 알기 쉬운 로맨틱 코미디 세계관으로 바뀌었죠.

미즈노　또 하나 예를 들면 타이어 제조사인 미슐랭입니다. 고객들의 타이어를 어떻게 하면 빨리 닳게 해서 새 타이어를 사게 할까를 고민하다가 『미슐랭 가이드』를 만들었죠. 시골에 있는 맛집을 찾아서 프랑스 전역을 다니면 타이어가 많이 닳을 테니까요. '고급 레스토랑과 여행'이라는 새로운 세계관을 직접 만들어낸 예입니다.

이런 생각을 하다 보면, 솔직히 온갖 자작극이 만연하는

---

* 　미국 작가. 1948년 『마지막 문을 닫아라』로 '오 헨리 상'을 수상했다. 대표작 『티파니에서 아침을』에서는 뉴욕을 배경으로 한 젊은 청춘들의 모습을 그렸다.

데, 아폴로가 달에 간 것도 혹시 거짓말이 아닐까? 미국이 만든 홍보영상 같은 거 아닐까? 라는 음모설조차 현실감을 더합니다.(웃음)

야마구치 그런 가설이 생길 정도로 세계관의 영향력이 굉장하다고 볼 수 있습니다. 세계관을 알기 쉽고 풍부하게 만들면, 세계관은 스스로 성장해 많은 사람을 공감하게 만듭니다. 이걸 가장 잘 보여준 세계관은 『루팡 3세』가 아닐까요.
　몽키 펀치가 만든 '아르센 루팡의 손자는 지금 시대에 살고 있고, 아직도 대도로서 활약하고 있다'라는 구성만 봐도 쉽고 풍부한 스토리를 가진 세계관이라고 할 수 있습니다.

포기할 줄 아는 용기가 필요하다

미즈노 저는 지금까지 '브랜딩이란 무엇인가'를 설명할 때 '어떻게 보일까를 컨트롤하는 것'이라고 말해 왔습니다. 그런데 지금까지 선생님과 함께하면서 '세계관을 만드는 것'이라고 하면 좀 더 감성적이고, 이해하기 쉽고, 모두가 편하게 받아들일 수 있겠다는 생각을 갖게 되었습니다. 앞으로는 설명을 좀 바꿔야 될 것 같습니다.

야마구치　브랜드는 물론이고 매장을 운영하는 기업에서도 세계관을 만드는 방법은 여러 가지가 있다고 봅니다. 아시다시피 스타벅스는 그걸 아주 절묘하게 만들어냈고, 무인양품의 양품계획은 생산자와 매장을 운영하는 판매자 모두 통일된 세계관을 만들어 전 세계적으로 성공했습니다.

　그리고 제가 아주 인상 깊게 본 파리의 시때섬 옆에 있는 '셰익스피어 앤 컴퍼니'는 만약 서점끼리 브랜드 경쟁한다면 아마도 세계 3위 안에 들어갈 만한 곳입니다.

미즈노　거긴 정말 굉장하죠. 존재 자체가 문학작품이라고 할 수 있거든요.

야마구치　셰익스피어 앤 컴퍼니, 다시 말해 '셰익스피어와 그 동료들'이란 이름으로 문학 서적만 취급하는 곳입니다. 그곳 직원들은 '문학에 뜻을 두고 있지만, 아직 먹고살기 힘든' 사람들입니다. 그들이 서점에서 먹고 자면서 일할 수 있도록 위층은 원룸 형태로 지어졌죠. 영국에서 온 브루스 채트윈이나, 미국에서 건너온 후 거의 부랑자 같은 생활을 하던 헨리 밀러도 한때는 셰익스피어 앤 컴퍼니에 머물며 일했습니다. 헨리 밀러는 『북회귀선』으로 유명한 작가죠. 성공한 후에도 파리에 갈 때마다 서점에 불쑥 찾아가서, '2층에서 낭독회를 할까'라고 했다는군요.

　책의 종류, 서가 배치, 건물 인테리어, 매장 구조는 얼마든지 흉내 낼 수 있습니다. 하지만 셰익스피어 앤 컴퍼니의 세계관은 흉내 낼 수 없을 겁니다.

미즈노   저는 '매장'하면 제일 먼저 유텐사에 있는 '반'이라는 선술집이 떠오릅니다. 일종의 탄산주인 레몬사와의 원조라고 알려져 있죠. 몇 번밖에 가보지 않았지만, 거길 찾는 손님들은 스타일리스트나 디자이너 관련 쪽 사람들이 많습니다.

야마구치   고마자와 대학에 있는 '바워리 키친'처럼 세련됐을까요.

미즈노   오는 손님들은 세련됐죠. 바워리 키친은 제대로 멋을 낸, 차로 말한다면 람보르기니 같죠.^(웃음) 반면, '반'은 붉은 초롱에 감색 포렴이 걸려 있고, 밖에는 맥주 상자가 쌓여 있습니다. 그리고 안에는 연기가 모락모락 피어나고, 벽에는 메뉴가 더덕더덕 붙어 있기도 하죠.

야마구치   차로 보면, 하코스카^(닛산 자동차 스카이라인)를 올 튜닝해서 타는 느낌인가요?^(웃음)

미즈노   굳이 말하자면, 10년 정도 지난 너덜너덜한 구형 스카이라인을 타는 것이 멋있어 보이는 세계관이라고 할 수 있겠네요.^(웃음) 저는 둘 다 나름의 멋이라고 생각합니다.

다시 말씀드리면, 세계관을 '멋을 목표로 한다'라고 정한 후, 처음부터 차곡차곡 멋에 멋을 더하여 세심하게 완벽을 추구하는 방법이 가장 보편적이라고 할 수 있습니다. 하지만 일부러 완벽에서 일탈함으로써 멋을 추구하는 방법도 있다고 생각합니다. 모더니즘의 거장 폴 케홀름의 PK 시리즈처럼 단순하면서도 실용적인 디자인의 가구로 꾸민 방에 고풍스럽고 화려한 페르시아 융단을 깔아 놓은 것이 멋있다고 하는 것과 같은 거죠.

야마구치　리큐가 했던 초이스처럼 그냥 무심하게 툭 놓아두기만 해도 멋있어 보이는 느낌이군요.

미즈노　디자인이나 센스에 대해 말하면 대개 '멋이 있다, 없다' '센스가 있다, 없다'라고 표현하는 게 일반적입니다. 하지만 멋있다, 멋있지 않다의 기준은 사람마다 다르죠. 결국 또 선택하는 사람의 취향이나 기분의 문제로 돌아올 수밖에 없습니다.

　브랜드가 됐든, 상품이 됐든, 매장이 됐든 '어떤 세계관을 만들고 싶은가'를 먼저 철저하게 고민하는 것이 첫걸음이라고 봅니다. 그때 불안한 마음에 만일을 대비한다고 이것저것 불필요한 것들을 붙이게 되면, 오히려 실패할 확률만 높아집니다. 하나의 포인트를 정해서 거기에 맞지 않는 것은 포기할 줄 아는 용기를 갖는다면, 세계관이 명확하게 보일 겁니다. 그렇게 되면 충성도 높은 고객들이 따라오게 되겠죠.

'셰익스피어 앤 컴퍼니를 흉내 낼 수 없다'고 하신 선생님 말씀도 바로 그런 이야기라고 봅니다. 지향하는 세계관을 위해 세심한 부분까지 철저하게 '최적화'되어 있기 때문에 브랜드화가 가능한 겁니다.

디자인하지 않는 디자인

야마구치 멋을 더해서 멋스럽게 하지 않고, 멋을 빼서 멋스럽게 한다. 일본의 다도를 완성한 리큐(利休, 1522~1591)가 바로 이런 멋을 추구했습니다.

미즈노 완벽을 버리고 또 다른 완벽을 목표로 한다는 것이죠. 대나무를 싹둑싹둑 자르고, 그 부근에 피어있는 나팔꽃을 아무렇게나 끼워서 툭 놔두기도 합니다.

야마구치 당시 사람들은 리큐에 대해 '심하게 한 대 얻어맞은 느낌'을 가졌을 겁니다. 그 무렵의 '좋은 물건'이라면 단연 조선에서 건너온 도자기였겠죠. 색도 예쁘고 선도 매끄러워서 이견이 별로 없었을 겁니다. 그런데 리큐는 그중에서 일부러 뒤틀린 도자기를 사용하곤 했습니다.

미즈노 리큐는 그 분야에서 천재였죠. 일본 미니멀리즘이 세계에서 평가받게 된 유래는 리큐의 세계관일 가능성도 있습니다.

리큐의 미의식은 단순히 모든 걸 잘라내 버린 금욕주의와는 다릅니다. 리큐의 7종 찻사발 중 하나는 유약을 바른 흔적이 고스란히 남아 있으면서 불균형하게 찌그러져 있기까지 합니다. 사람 손의 흔적, 재료 자체의 아름다움, 자연의 우연성 같은 것을 일부러 남긴 찻사발이죠. 이것은 삼라만상에서 신의 존재를 느낀다는 전통적인 사고방식이 토대가 된 미의식입니다. 리큐는 '절제의 미'를 '와비차(화려하지 않으며 불필요한 것을 없앤, 한가로우면서 간소한 형식의 다도)'라는 하나의 문화를 통해 완성했습니다.

야마구치 사람 자체도 일탈을 통한 세계관을 만들 수 있다고 생각합니다. 제가 정말 멋있다고 느낀 더바디샵 창업주 애니타 로딕을 예로 들 수 있습니다. 로레알에 인수되었지만, 주식을 매각했으니 엄청난 부자인 셈이죠. 그래도 애니타 로딕은 청바지에 하얀 셔츠를 입고, 낡디낡은 폭스바겐을 타고 다닙니다.

미즈노 어쩌면 '패션에 신경 좀 쓰시지...'라는 소리를 들을 수도 있겠네요.(웃음)

야마구치　애니타 로딕은 자기 자신에 대한 세계관이 있었기에 어쩌면 일탈이라고 할 수 있는 멋에 대한 자기만의 행동 방식을 보여주었다고 생각합니다. 만약 롤스로이스를 타고 화려한 드레스를 입는다면, 그건 지금과 다른 세계관이기 때문입니다

달에 비친 세계관

미즈노　완벽한 것을 추구하는 브랜딩이라면, 에르메스와 해리 윈스턴 같은 고가의 명품 브랜드를 들 수 있을 것 같습니다. 하지만 우리가 흔히 구입하는 물건이나 자주 사용하는 물건, 평소 사람들이 자주 다니는 가게 같은 경우는 완벽을 통해 세계관을 추구하는 것보다 재미나 엉뚱함 같은 일탈을 통해 세계관을 추구하는 것이 좋다고 생각합니다.

야마구치　확실히 해리 윈스턴은 완벽하고 빈틈없어 보입니다. 하지만 에르메스는 완벽을 추구하면서 일탈도 하는, 더욱 완벽한 것을 지향하는 것 같습니다. 몇 년 전 파리 생토노레 거리를 걷고 있을 때, 매우 많은 비눗방울이 날리고 있었습니다. 정오를 조금 지났을 무렵이라 햇살은 눈부시고 비눗방울은 무지개색으로 반짝거렸죠. 닿아서 터지면 옷이 젖기 때문에 모두 소리 지르며 도망 다니는 그 광경

이 마치 영화의 한 장면을 잘라놓은 것처럼 멋있게 보였습니다.

알고 보니 에르메스 본점의 장난기 어린 이벤트였다고 하더군요. 본점 2층 테라스에 여러 가지 크기의 고리가 빙글빙글 돌면서 비눗물이 담긴 통을 통과해 커다란 선풍기 바람으로 비눗방울을 날리고 있었던 겁니다. 이것이 파리의 자유분방함이라는 생각이 들더군요. 그 자체도 에르메스의 세계관이죠.

미즈노 장난스러운 감성이 있네요. 거기다 상상만 해도 멋있습니다.

야마구치 긴자에 있는 메종 에르메스에서도 재미있고 신기한 음악회가 열립니다. 피아노 솔로 연주회인데, 보름달이 정 중앙 제일 높은 곳에 오는 시각에 연주를 시작합니다.

미즈노 그 시간은 연주회를 하기엔 좀 힘든 시간 아닌가요?

야마구치 시기에 따라 바뀌기 때문에 밤 8시일 때도 있지만, 새벽 3시에 시작한 적도 있습니다. 저도 가본 적이 있는데, 직통 엘리베이터만 움직이고 실내는 어두컴컴했지만. 그나마 유리로 된 곳이라 거리의 불빛과 달빛이 창문 너머로 들어왔습니다. 의자도 없는 캄캄한 방에서 피아노 주변에 앉아 기다리다 보면, 달이 가장 높이 떠오른 순간 연주가 시작되는 거죠.

　아주 엉뚱하고 의미를 알긴 어려웠지만, 그럴듯한 스토리가 있을 것 같은 장난스러운 세계관이 너무 멋졌습니다.

미즈노　다도에서 말하는 '풍경'처럼 예전에는 정원을 만들거나 그릇 같은 용품을 만들 때도 정취 있고 아름답게 정돈된 것을 굉장히 좋아했고 그만큼 잘했죠. 그런데 요즘에는 일본에서 미적 감성이나 의미가 담긴 세계관을 볼 수 있는 곳은 발뮤다나 무인양품 정도밖에 들 수 없다는 것이 아쉬울 뿐입니다.

야마구치　달구경은 그냥 달만 보는 것이 아닙니다. 수면에 비치는 달을 바라보고, 술잔에 비치는 달도 즐기면서 모두 같이 술을 마시는 여유와 정취를 즐기는 것이 진정한 달구경이죠.

새로운 가치를 만든다

미즈노　'좋은 것'의 가치 기준은 시대에 따라 변화하죠. 특히 '고급스러움'의 개념은 최근 크게 바뀌고 있는 것 같습니다.

　얼마 전 뉴욕에 있는 호텔들을 둘러보고 왔는데, 사흘

동안 40군데 이상을 돌아본 강행군이다 보니 몸이 녹초가 될 정도였었죠.(웃음) 호텔업계는 요즘 참 재미있는 변화를 보이고 있습니다. 단순한 숙박시설이 아니라 사교 장소 역할에도 무게를 두는 모습이거든요.

1999년 시애틀에 오픈한 '에이스 호텔(ACE HOTEL)'이 호텔업계에 혁명을 일으킨 이래, 지역 커뮤니티에 밀착한 호텔이 잇달아 생겼습니다. 화려하진 않지만 그래도 기능을 중시한 의식 있는 호텔이죠. 뉴욕에서도 2009년에 '에이스 호텔', 2012년에 '노마드 호텔'이 생기면서 그 지역 사람들 흐름이 완전히 바뀌었습니다. 활기가 없던 지역이 화제의 중심에 서게 됐고, 멋스러운 가게가 잇달아 오픈하게 되었죠.

그 이후에도 뉴욕에는 화려하고 웅장하기보다 독특하고 재미있는 호텔이 잇달아 생겼는데, 그중에서도 2017년에 오픈한 '퍼블릭 호텔(Public Hotel)'의 존재감은 대단했습니다.

야마구치 '퍼블릭 호텔'의 창업주 이안 슈레거는 1970년대 뉴욕의 전설적인 나이트클럽 '스튜디오 54'를 만든 인물이기도 합니다. '스튜디오 54'는 앤디 워홀, 알 파치노, 엘튼 존 등 호화로운 멤버들이 모인 곳이었다면서요?

미즈노 네, 맞습니다. 슈레거는 1984년에도 '모건즈 뉴욕(Morgans

New York)'이라는 호텔을 만들어 숙박객이 아닌 사람들에게도 로비를 개방해서 주목받았습니다. 슈레거는 이를 '로비 소셜라이징(Lobby Socializing)'이라 불렀고, 이후에도 그가 직접 건축하고 디자인한 부티크 호텔에는 이 콘셉트를 살렸습니다.

흔히 호텔을 시티호텔, 비즈니스호텔, 리조트호텔로 구분했지만, 요즘에는 '커뮤니티 호텔'이라는 단어도 등장했습니다. 그것이 지금 하나의 커다란 흐름이 된 것입니다.

'퍼블릭 호텔' 로비에도 쾌적한 공유 스페이스가 마련되어, 이른 아침부터 밤늦게까지 맛있는 커피와 델리를 만날 수 있습니다. 게다가 유명 셰프가 직접 응대하는 레스토랑과 작품을 전시한 예술공간이 있고, 전망이 좋은 루프탑 바는 밤마다 그 호텔 바에 들어가고 싶어 하는 힙한 사람들이 줄을 서 있습니다.

그런데 그런 '멋스러운 호텔' 숙박료가 적게는 1박에 150달러로 뉴욕에서는 상당히 낮은 금액에 속합니다. 방은 좁지만, 내부 인테리어는 꽤 괜찮습니다. 어떻게 그게 가능했을까요. 그건 고급 호텔에는 당연히 있는 다양한 서비스를 모두 없애 버렸기에 가능했습니다. 체크인은 iPad로 셀프 처리, 벨맨도 없고, 룸서비스도 없습니다. 그런데 지금은 너무 인기가 많아서 숙박료가 상당히 올라 버렸습니다.

인기가 높다 보니 뉴욕에는 이런 비슷한 콘셉트를 가

진 호텔들이 여기저기 생기게 됩니다. 어디나 심플한 방과 고속 Wi-Fi가 설치된 공유 스페이스라는 조합이죠.(웃음) 낮에는 공유 스페이스에서 Mac을 펼쳐 일하고, 밤에는 사교 공간으로 이용하는 그런 느낌입니다.

야마구치 클래식 호텔의 역사를 자세히 보면, 호텔은 원래부터 사교 장소 역할을 했던 것 같습니다. 그 역할이 지금에 와서 부활하고 있는 것은 아닐까요?

미즈노 맞습니다. '에어비앤비'라는 새로운 경쟁 상대와도 싸울 수 있는 호텔만의 가치를 찾기 위해 사교 장소 역할로 빠르게 움직인다고 생각합니다. 그리고 또 한 가지는 '럭셔리'의 개념이 변했다는 겁니다. 젊은 층의 변화가 특히 눈에 띄게 빠릅니다.

과거에는 벨맨이 깍듯하게 예를 갖추어 짐을 날라주고, 레스토랑에서 캐비아와 고급 와인을 마시는 것이 호텔 럭셔리함의 상징이었다면, 지금은 그곳에서만 할 수 있는 체험에 가치를 두게 되었습니다. 인스타 공감을 얼마나 이끌어낼 수 있는지도 포함해서 말이죠.(웃음)

야마구치 일본 정부는 2019년 12월 '일본에는 럭셔리한 고급 호텔이 부족하므로, 국가 지원으로 50곳을 개발하겠다'라고 발표했습니다. 어느 정도 공감되는 부분이 있습니다. 평판이 좋은 호텔도 실제로 묵어 보면 질이 낮은 곳도 많거든요. 하지만 한편으로는 비즈니스호텔보다 레벨은 높지만, 화려하지 않아도 개성 있는 호텔이 더 많아져도 좋을 것 같습니다. 도쿄나 교토에는 그런 호텔이 늘어나긴 했지만, 나라 전체로 보면 아직 많이 부족합니다.

미즈노 이런 움직임은 딱히 호텔업계뿐만 아니라 요식업계도 마찬가지라고 봅니다. 어쩌면 요식업계가 훨씬 진보했는지도 모르겠네요. 해당 지역의 매력을 맛볼 수 있는 수준 높은 음식점이 지역마다 만들어져서, 많은 사람이 일부러 찾아가기도 하거든요. 로마네 콩티를 마시는 것만이 다는 아니겠죠.^(웃음)

전국 각지에는 많은 매력이 잠들어 있습니다. 자신들이 가진 매력을 잘 파악하고, 세계관을 제대로 만들어서 보여줄 수 있다면, 아직도 가능성은 무궁무진합니다.

세계관은 지식에서 시작된다

야마구치 세계관을 만들 수 있는 사람이나 브랜드를 만드는 센스가 좋은 사람은 구성을 잘하는 기획자라고 할 수 있습니다. 실제로 뛰어난 기획자는 다양한 영화와 문학 작품을 가까이하는 사람이 많아서인지, 자신 안에 다양한 세계관을 가지고 있는 사람이 많습니다. 흔한 말로 '아는 게 많은 사람'이죠. 미즈노 대표님 표현을 빌리면 '센스는 지식에서 시작된다'라고 할 수 있습니다.

그 지식은 고상하거나 예리한 것만 있는 건 아닙니다. 영화나 문학 작품도 명작으로 세상에 알려진 것은 작품의 세계관 그 자체에 보편성과 대중성이 있다고 생각합니다.

미즈노   지식을 쌓으려면 인풋을 위한 노력이 필요한 것이지, 일만 무조건 오래한다고 되는 것이 아닙니다. 저희 회사 디자이너들도 그냥 두면 밤늦게까지 회사에 있으려고 하거든요. 그래서 최근에 업무방식을 바꾸어 불필요한 야근을 할 수 없게 만들어 버렸죠.(웃음)

물론 일정 수준 이상의 것을 만들려면 시간은 필요합니다. 하지만 단지 물리적인 '작업 시간'만으로 이 일을 하는 건 아닙니다. 앞서 제가 전철에서 내다보이는 집을 보며 가족 구성을 멍하니 상상한다는 말씀을 드렸는데,(웃음) 그때 곰곰이 생각했던 것과 생각하던 시간은 막상 일할 때 도움이 되어 일을 마무리하는 속도를 올려주기도 합니다. 다시 말해, '어디에 있는 시간'보다 '머리를 쓰는 시간'이 중요합니다. '많은 시간을 회사에 있어야 좋은 아이디어가 떠오른다'라는 잘못된 인식은 디자이너에게 한정된 것이 아닙니다. 다른 직종 사람들도 이런 잘못된 인식을 깨야 합니다. 그래야만 세계관을 만들 수 있는 사람이 많이 나오게 될 겁니다.

야마구치 동감입니다. 얼마나 영화를 감상하는지, 얼마나 거리를 돌아다니는지, 얼마나 책을 읽는지, 얼마나 예술을 접하는지 등으로 지식의 서랍은 늘어갑니다. 매일같이 밤늦도록 일만 하고 있다면, 지식의 서랍은 가벼워질 수밖에 없습니다.

지식은 시간의 함수입니다. 인풋 시간을 늘릴수록 당연히 지식의 양은 증가합니다. 다시 말해, 누적된 인풋의 양이 센스가 되고 지식이 되는 것입니다. 그래서 일이라는 아웃풋만 하고 있으면, 센스와 지식에서 점점 멀어지게 될 수밖에 없습니다.

미즈노 생활 방식에 대한 검토도 중요하다고 봅니다. 어떻게 시간을 쓰는지에 따라 인풋의 양이 달라지거든요.

야마구치 덴츠에서 일할 때 '영화를 봐라, 책을 읽어라, 연극이든 콘서트든 지금 유행하는 것이 있으면 일단 가라'라는 말을 자주 들었었는데, 지금 생각해 보면 정말 좋은 충고였지만, 당시에는 '도대체 그런 것들이 뭐가 좋다는 거야'라며 받아들이지 못했습니다.

이것은 다른 기업에서도 마찬가지입니다. 모두 아웃풋

형태가 분명한 인풋에만 시간을 쓰려고 하거든요. '엑셀을 배우면 이 일에 도움이 된다'는 식이죠.

하지만 얼핏 보면 아무런 도움도 되지 않고, 일에 직접적인 관련도 없어 보이는 것의 인풋도 스토리를 만들고 세계관을 만드는 아웃풋의 재료가 됩니다. 또한 센스를 만드는 재료이기도 합니다.

미즈노   인풋한 지식이 잘 팔릴 상품이나 서비스 같은 아웃풋으로 이어질 가능성에 대한 연구를 저는 본 적이 없습니다. 어느 정도 인풋 하면 아웃풋의 질과 양을 올릴 수 있을지에 대한 확증도 없습니다. 하지만 많은 디자이너나 크리에이터를 봤을 때, 풍부한 지식과 폭넓은 경험이 많은 사람일수록 좋은 아이디어를 낼 수 있다는 확신은 있습니다.

조금 다른 이야기이지만, 많은 디자이너들이 디자인 효과에 대한 확실한 증거가 없다고 여기는 것 같습니다. 예를 들어, 어느 디자이너가 음료 회사 일을 하면서 크리에이티브 디렉터에게도 클라이언트에게도 '좋은 디자인'이라고 칭찬받았지만, 자신의 디자인이 정말로 상품이 팔리는 데 효과가 있는지? 자신의 디자인은 성공할 확률이 어느 정도인지? 매출 결과가 나오기 전에는 어떤 것도 알 수 없다. 그리고 매출이 늘었다고 하더라도 디자인 효과인지 누구도 확신할 수 없다. 이런 체념 섞인 포기야말로 디자이너가 디자인을 대하는 잘못된 자세를 보여주고 있습니다. 그리고 디자인의 질을 떨어뜨리는 가장 큰 이유 중의 하나라고 생각합니다.

저의 성공률은 90퍼센트가 넘고, 매출도 제가 참여함으로써 2배 이상 오른다고 감히 말씀드릴 수 있습니다.

이렇게 자신하며 말 할 수 있는 높은 성공률의 이유는 세계관을 최적화할 수 있는 지식에 있다고 생각합니다. 인풋을 많이 하고, 어떻게 하면 매출에 도움이 되는 디자인을 만들지 생각하면서 결과를 만들어가는 것이 중요하거든요. 회사 직원들에게도 다양한 지식을 축적하고, 다양한 것을 실제로 경험해 볼 것을 강조합니다. 그리고 그런 기회를 가능한 한 많이 만들어 주려고 노력하고 있습니다.

디자이너가 매출에 도움이 되는 디자인을 제대로 만들지 않는다면, 디자인에 대한 사회의 신뢰도는 높아질 수 없습니다. 그래서 더더욱 제대로 된 결과를 내는 것이 중요합니다.

야마구치 지식과 센스를 위해 끊임없이 인풋 한다는 것도 하부 요시하루 이야기에서 말씀드린 것처럼 미즈노 대표님의 재능이라고 생각합니다. 천재형과 노력형이란 말을 많이 들어 보셨을 겁니다. 보통은 뚝딱 해치우는 사람을 천재형, 꾸준히 시간을 들여 해결하는 사람을 노력형이라고 합니다

하지만 어느 순간 제가 착각하고 있다는 사실을 깨달았습니다. 노력형은 노력이라 생각하고 노력합니다. 반면 천재형은 즐겁다고 생각하며 하기 때문에 노력이라고 생각하지 않습니다. 그래서 천재형이 노력형보다 더 많은 시간을 들여 일에 열중하고 있다는 겁니다.

그렇기 때문에 좋아서 계속할 수 있다는 것은 개인에게도 회사에게도 경쟁 우위에 설 수 있는 비결인 셈입니다.

미즈노 디자인 회사에는 '어릴 때부터 그림을 좋아해서 이 일을 한다'라는 사람이 많습니다. 어떻게 보면 어린아이의 천진함 그대로 그림만 줄곧 그리면서 그림이나 디자인 스킬을 익혀온 겁니다.

그래서 즐기면서 그림을 꾸준히 그릴 수 있다는 것 자체는 재능이라고 볼 수 있습니다. 다만, 그림을 잘 그리는 것은 실력이지 재능은 아니라고 봅니다. 그건 어디까지나 훈련과 지식의 축적이고 노력이라고 생각합니다.

그 사실을 깨닫는다면 인풋의 폭도 훨씬 넓어질 거라고 생각합니다. 한 가지 더, 제가 가르치던 게이오대학의 학생들처럼 '디자인 이외의 일을 할 사람'이나 디자인을 의뢰하는 업체 사람들도 선생님께서 말씀하신 미의식을 가질 수 있을 거라고 생각합니다.

야마구치 대표님은 센스나 미의식도 언어화해서 교육할 수 있다고 생각하시는 건가요.

미즈노   어느 정도는 가능하다고 생각합니다. 다소 시간은 걸리
겠지만요.

    강연회 등에서 센스가 좋아지게 하는 방법에 대한 질문
을 받으면, 처음에는 뭔가를 '제대로' 관찰해 볼 것을 추
천합니다.

    데생을 할 때 필요한 것은 사실 그림 실력보다 관찰력이
거든요. 사람의 눈은 대체로 애매하고, 상당수가 자기 생
각대로 사물을 봅니다. 기린을 그리라고 하면, 대부분의
사람은 몸통을 노란색으로 하고, 갈색 얼룩무늬를 여기저
기 그려 넣죠. 하지만 실물 기린은 갈색 비율이 높은 편이
고, 무늬와 무늬 사이는 베이지색입니다. (웃음) 머릿속에 저
장된 선입견을 버리고 눈앞의 사물을 '잘 관찰하는' 것이
센스를 키우기 위한 첫걸음이라고 생각합니다.

야마구치   세계관을 만드는 좋은 훈련이 되겠군요.

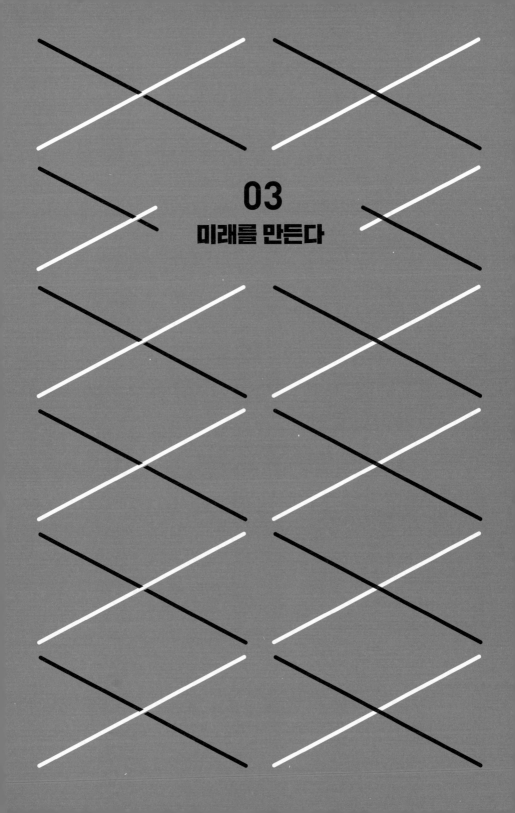

03
미래를 만든다

03

미래를 만든다

세계관을 만드는 브랜드

야마구치 세계관 만드는 방법이 독특하다고 생각하는 회사 중 하나가 마츠다(MAZDA MOTOR CORPORATION)입니다. 보통 자동차 쇼룸은 온통 하얀색에 바닥은 번들번들하죠.

미즈노 요즘 마츠다 전시장은 카페처럼 차분한 목재 마룻바닥으로 바뀌었습니다. '신개념 매장'이라 부른다던데, 확실히 분위기가 다르더군요.

야마구치 그렇죠. 마츠다는 '필요를 충족시키는' 경쟁에서 쓴맛을

본 후 브랜드화하지 않으면 살아남을 수 없다는 사실을 깨닫고 중대한 결심을 하게 됩니다. 그래서 제조혁신이라는 슬로건을 내세우며 혼동(魂動 KODO : Soul of Motion)이라는 디자인 모델을 만들게 된 거죠.

그런데 마에다 이쿠오(상무 집행임원, 디자인·브랜드 스타일 담당)는 자동차 디자인에 국한하지 않고, 브랜드 자체를 디자인하겠다고 결정합니다.

자동차라는 상품뿐만 아니라 판매점이나 광고 등 모든 분야에 비주얼커뮤니케이션을 도입하여 통일감 있게 디자인 했습니다. 브랜드를 구축하는 것이기에 디자인뿐만 아니라, 공감을 얻기 위한 스토리도 만들었습니다. 마에다가 추진했겠지만, 어쨌든 마츠다는 이런 어려운 도전을 상당히 잘해 나가고 있습니다.

이것은 나카가와 마사시치 상점, 소테츠 그룹, 천연 조미료를 만드는 가야노야처럼. 미즈노 대표님의 업무방식과 공통점이 있다고 봅니다.

미즈노   굉장히 공감합니다. 결국은 단순하게 표층디자인만 바꾼다고 해서 기대만큼의 효과를 낼 수 없거든요.

요즘 저희 회사로 '무엇이 문제이고 어떻게 해야 할지도 모르겠지만, 지금 이대로는 안 된다는 건 알고 있다. 어떻게 좀 해달라'는 상담이 가장 많이 들어옵니다.(웃음)

저희 회사는 대부분의 클라이언트와 연간 계약을 맺고

장기간에 걸쳐 세부적인 것까지 브랜딩을 추진하는데, 가장 먼저 확인하는 것은 경영 상황입니다. 어떤 사업을 하는지, 잘 되는 사업과 잘 안되는 사업의 현황과 재무 상태는 어떤지, 개선할 때 쓸 수 있는 예산은 어느 정도인지, 사내 가능 자원은 어떤지 등을 자세하게 듣고 조사합니다. 그 결과, 새 브랜드를 만들겠다고 하면 어떤 제품을 만들지, 어떤 브랜드로 할지, 무엇을 지향하는지. 브랜드명은 무엇으로 할지, 상품의 가격대는 어느 정도로 할지, 어떤 색조로 할지..., 브랜드의 방향성과 세계관을 만든 다음에야 비로소 물리적인 작업에 들어갑니다. 회사 이름은 '굿디자인컴퍼니'이지만, 실제로는 디자인하기 전 작업이 태반이죠.(웃음)

브랜드의 세계관을 제대로 만들지 않고 일을 시작해 봤자 좋은 결과로 이어지지 않거든요.

야마구치 업체와 일하면서 가장 인상적이었던 것은 무엇인가요?

미즈노 천연 조미료를 만드는 가야노야는 이미 브랜드가 탄탄한 기업이라, 솔직히 처음에는 제가 할 일이 없을 것 같아 의뢰를 거절했을 정도의 회사입니다.(웃음) 그런데 그런 가야노야의 경우에도 본격적인 일을 시작하기 전에 약 10개월 정도는 쉼 없이 회의하며 브랜드에 대한 정리를 해야 했습니다. 참고로, 가야노야는 하나의 브랜드이고 회사는 구바라 본가라고 합니다. 꽤 오랫동안 함께 해오면서 인지도와 매출이 꾸준히 상승하고 있지만, 구바라 본가는 결코 자만하지 않았습니다. 저는 그 점이 참 대단하다고 생각합니다. 그걸 보며, 저도 항상 브랜딩을 위한 새로운 과제를 찾아 조그만 부분까지 업데이트할 수 있도록 더욱 노력하고 있습니다.

야마구치   가야노야가 회사명이 아닙니까. 아내가 요리를 좋아해서 상당히 잘 쓰는데도 여태 몰랐네요.^(웃음)

브랜드화에 많은 시간이 들어간다는 사실은 마에다와 일 관계로 만났을 때도 느꼈습니다. 2009년 마에다가 디자인 디렉터가 되었을 때, 마츠다의 가장 큰 문제는 디자인 디렉터가 4~5년 만에 바뀌는 거라고 하더군요.

오랫동안 포드 자동차의 자회사였기에 사장은 물론이고 디자인 디렉터도 미국 본사에서 오다 보니, 5년 정도 지나 다시 본사로 돌아가는 그런 식이었습니다.

미즈노   도중에 흐름이 끊기는 거죠, 대기업의 문제 중 하나라고 봅니다. 특히 자동차 회사의 브랜딩은 장기전인 만큼 디자인 디렉터가 바뀌면 어려울 수밖에 없습니다.

저는 일종의 인프라 산업이기도 한 소테츠의 일을 하며 느꼈지만, 철도사업 역시 장기전이더군요. 특히 일반 제품과는 시간의 흐름이 전혀 다르다는 것을 실감했습니다.

야마구치 맞습니다. 자동차의 브랜드화에는 시간이 걸리죠. '어떤 고객이 어떤 상황에서 어떻게 사용한다' 같은 스토리를 만들려면 10년 단위의 중장기적인 시각이 필요합니다. 그런데 4~5년 지나 본사로 돌아갈 사람은 자신이 일하는 짧은 기간 동안 성과를 올려야 하므로 중장기적인 프로젝트에 차질이 생길 수밖에 없습니다.

2008년 리먼 쇼크 후, 포드와 관계가 끝나면서 배턴을 넘겨받은 마에다는 먼저 마츠다 자체에 대한 고민과 미래를 위한 구상을 했다고 합니다.

디자인 콘셉트와 전략을 담아, 어떤 사람에게 어떤 차로 보이는 것이 이상적인지, 마츠다를 세계 자동차 업계에서 어떤 포지션의 회사로 만들 것인지 등 기한을 정하지 않고 이런 고민을 계속하다 보니 1년이라는 시간이 훌쩍 지났다고 하더군요.

미즈노 상장기업에서 성과 없이 그럴 수 있다는 것은 결코 흔한 일이 아니라고 봅니다. 그만큼 '의미가 있다'는 것이 어떤 건지 철저하게 생각했다는 거겠죠.

야마구치 그렇게 많은 생각과 고민 후에 세계관을 만들면 앞으로 차종이 바뀌더라도 회사가 갖는 일관성은 유지될 겁니다. 마츠다로서는 자신들만의 스토리를 만든다는 건, 바꿔 말하면 '스케일을 버린다'는 매우 중요한 결단입니다.

즉, 타깃을 좁히면 시장이 그만큼 작아진다는 겁니다. 애당초 4% 정도의 점유율밖에 안 되는 회사라 더욱더 용기가 필요했을 겁니다.

마에다가 자세하게 언급하지 않았지만, 마츠다는 레시프로 엔진* 이라는 틈새시장에서 승부할 결심을 굳혔던 것 같습니다. 언젠가 대다수의 자동차에서 레시프로 엔진이 사라지더라도 '그래도 나는 레시프로 엔진이 좋다'라는 사람들을 타깃으로 삼아, 그들이 계속 사고 싶어 하는 브랜드가 되길 바랐을 겁니다.

미즈노　　자동차를 좋아하는 사람들 중에는 아무리 전기 자동차가 대세로 자리 잡더라도 수동 변속기 차량을 고집하는 사람도 적지 않을 겁니다. 제 차만 해도 파워 윈도가 아니거든요.(웃음) 아들이 창문 여는 것이 귀찮다고 불평하긴 하지만, 그럴 땐 "그래도 이 차가 얼마나 멋진 자동차인지 알지? 이 차를 타고 싶으면 창문의 불편함 정도는 감수해야지"라고 하면서 웃죠.(웃음)

스케일을 키우려고 다수를 타깃으로 하는 승부를 내려놓으면, '다움'이 돋보이게 되어 의미가 담긴 브랜드가 될 수 있습니다. 앞으로 나아갈 길을 찾지 못해 망설이는 수많은 기업들에게 도움이 될 수 있는 이야기라고 생각합니다.

---

*　열기관 형식의 하나로 왕복 기관 또는 피스톤 엔진·피스톤 기관이라고도 부름.

'다수'를 버리고 글로벌화하다

야마구치 파나소닉과 발뮤다를 비교하면 다수를 타깃으로 하는 승부에서는 파나소닉의 압승입니다. 규모 면에서 압도적인 차이를 보이고 있지만, 상품 개발력은 어떨까요? 아직까지는 발뮤다의 대승이라고 할 수 있습니다. 이제는 크다는 것이 반드시 장점이 되는 시대가 아니라고 생각합니다.

미즈노 발뮤다는 해외에서도 '그 세계를 좋아하는 사람들'에게 각광을 받고 있죠.

야마구치 양품계획도 매출의 50%가 해외에서 발생하고, 그 위세도 여전히 대단합니다. 글로벌하게 성장하는 기업은 확고한 세계관을 가지고 있고, 그것을 어떻게 제시할지 정확히 꿰뚫고 있습니다. 이것은 타깃이 명확히 정해져 있기 때문입니다. 다시 말해서, '구매하기를 바라는 사람'뿐만 아니라 '구매하지 않기를 바라는 사람'도 정하는 것입니다. 하지만 타깃을 좁힌다는 건 기업에겐 특히 더 어려운 일입니다. 어쩌면 시장을 좁히는 것에 대한 공포심마저 가지고 있다고 봅니다.

그래도 타깃이 되는 고객층을 명확하게 정하면 충성도 높은 고객이 생길 확률도 높아집니다. 그런 고객들의 긍정적인 피드백과 팔로워가 많은 인플루언서 같은 고객은 다른 사람들에게 큰 영향을 미치게 됩니다. 모든 사람에게 할 수도 없겠지만, 모든 사람을 타깃으로 할 필요도 없습니다.

미즈노 다수를 버리고 세계로 나가자는 말씀이신 거죠. '국내 다수를 버리면 세계라는 바다가 펼쳐져 있다'. 제가 바닷가에 살아서 그런지 바다라는 표현을 좋아합니다.^(웃음)

야마구치 적절한 표현이네요.^(웃음)

레드 오션은 더 이상 레드 오션이 아니다

야마구치 지금까지 '문명에서 문화', '필요의 충족에서 의미가 있는 가치' 그리고 스토리 만들기에 대한 이야기를 나눴습니다. 디자인 속에 담긴 표현 이상의 정보량이 곧 세계관이고 브랜드입니다.

　앞으로는 세계관을 만드는 것이 기업과 개인 모두에게 필요하고, 살아남기 위한 전략이라고 생각합니다. 그러기 위해 어떻게 미(美)의 경쟁에서 우위를 차지할지, 디자인은 어떤 의미로 자리매김하여야 할지 여쭙고 싶습니다.

미즈노 세계라는 바다로 나가 글로벌화해야 하는 건 중요합니

다. 하지만 우리 주변에도 디자인이나 미의식을 이용해
할 수 있는 일이 아직 많이 있는 것도 사실입니다. 아니,
오히려 하지 않은 일이 많은 것 같기도 합니다.

바다 얘기에 빠질 수 없는 것이 레드오션*이죠. '레드오
션은 경쟁상대가 많아서 이길 가능성이 없다. 그러니 경
쟁상대가 적은 블루오션**을 노려라'라는 말을 흔히 합니
다. 그런데 저는 그것이 조금 의문입니다. 현재는 상품과
서비스가 넘쳐나고 있어 어느 바다나 새빨갛지만, 그래
도 살아갈 길은 있거든요.

야마구치 레드오션에 뛰어들어 세계관으로 성공한 기업은 역시 스
타벅스라고 할 수 있겠죠. 만약 제가 돈 많은 투자가이고,
기업가인 하워드 슐츠가 투자를 제안한다면? 전 거절할
겁니다.(웃음)

"커피 체인점을 하고 싶으니 투자하세요. 편의점에서는
1달러, 일반 커피숍에서는 2달러에 살 수 있는 커피를 7
달러에 팔 생각입니다. 담배는 피울 수 없지만, 아주 편안
한 커피점입니다"

스펙만 보면 성공할 요소는 제로이고, 콘셉트의 의미도
전혀 전달되지 않을 것 같거든요. 그런데 세계관만 가지

---

* 경영학 용어. 피를 피로 씻는 듯한 치열한 가격 경쟁이 행해지고 있는 기존시장.
** 경영학 용어. 경쟁이 없는 미개척 시장에서 새 상품이나 서비스를 개발하여 판매하는 경쟁
   상대가 없는 시장.

고 승부를 걸어서 결국 전 세계로 퍼져나갔습니다.

미즈노   스타벅스가 대단하다고 하는 것은 방송 광고나 전철역 광고 포스터처럼 눈에 띄는 광고가 없다는 점입니다. 매장 앞에 계절 한정 프라푸치노 같은 상품 광고가 걸려 있는 정도죠. 매장 인테리어, 유니폼, 텀블러, 머그컵, 로고.... 이것만 가지고 승부한 겁니다.

야마구치   가장 강력한 의미 전달 매체는 스타벅스 고객인 거죠.
　유명 연예인이 스타벅스 커피를 마시는 광고를 만들어 고객의 이미지를 억지로 만드는 그런 커뮤니케이션을 취하지 않는다는 것만 봐도 알 수 있습니다. 롯폰기 힐스나 도쿄 미드타운, 어디든 상관없습니다. 스타벅스에 들러 그런데 사이즈 라테를 테이크아웃해서 한 손에 코트와 서류 가방을 들고 빠른 걸음으로 출근하는 사람들의 모습. 그런 실제 모습 자체가 스타벅스 최고의 커뮤니케이션 매체인 겁니다.

미즈노   더구나 인스타그램 같은 SNS 덕분에 하나의 스타일로 발전되었다고 생각합니다. '스타벅스'라고 하는 세계관에 타깃 스스로가 찾아와 '스타벅스에서 혼자 라테를 마시는 나'라는 스토리를 알리고 있거든요. 역시 대단하다고 생각합니다.

야마구치 압도적인 세계관이죠. '스타벅스에서 커피 마시는 자신'의 모습을 사랑하는 사람들, '스타벅스 텀블러를 들고 회사에 가는' 모습을 멋지다고 생각하는 사람들이 많습니다. 로고인 세이렌과 폰트 그리고 매장 조명과 소파까지 브랜드화되어 있지만, 결국 브랜드는 거기에 모인 사람이 만든다는 것을 잘 보여주고 있습니다.

　스타벅스로 인해 제2의 물결이라고 할 수 있는 시애틀계 커피의 세계관은 거의 완성되었다고 볼 수 있습니다. '스타벅스가 없는 인생은 이제 생각할 수 없어. 도토루 커피로 돌아가라고 하면 죽어버릴지 몰라!'라는 사람들이 꽤 있을 것 같죠.^(웃음)

미즈노 아무리 새빨간 레드오션이라도 '의미'를 만들 수 있다면 해볼 만합니다. 그래서 스타벅스가 이 정도로 활약하고 있는 커피 바다에서도 아직 방법은 있다고 봅니다. 뭐 다른 빨간 바다도 있으니까 굳이 커피 바다에 뛰어들지 않아도 되겠지만요.^(웃음)

야마구치 예전 영화계 인사들의 회의 장소였던 순수 다방이나 복고풍 카페가 또 인기를 끌고 있기도 하죠.

　커피 관련 업계 말고 다른 업계에서도 '스토리'를 살려 레드오션으로 들어가는 것은 가능하다고 생각합니다. 성장 가능성이 거의 없는 성숙 산업에서 면적당 매출도 크지 않고, 경쟁도 치열한 카페 업계에서 스타벅스가 성공한 걸 보면 말이죠.

기존에 있는 것으로, 모두가 '이 정도면 충분하다'라고 생각하는 것이라도 스타벅스처럼 의미가 담긴 스토리와 그걸 공감하는 사람들을 만들 수 있다면, 3배의 가격도 문제가 되지 않습니다.

여기서 가격이 3배가 된다는 것은, 반대로 말하면 고객이 절반으로 줄거나 극단적으로 생각해서 3분의 1이 되는 상황이 온다고 해도 매출은 올라간다는 것을 의미합니다. 고객이 줄어든다는 것은 판매가 부진하다는 의미가 아니라, 앞으로 인구 감소가 명백한 현실임을 감안해야 한다는 겁니다. 그래서 의미가 있는 브랜드나 기업으로 바뀌지 않으면 미래가 없습니다. 필요 없는 기능을 추가하고, 그래도 안 팔리면 거기에 또 다른 기능을 추가하는 그런 방식은 이젠 정말 멈춰야 합니다.

맥킨지 스타일 디자인 경영은 통할까?

야마구치 모든 산업은 크게 두 가지 방향으로 움직인다고 생각합니다.

하나는 패션 비즈니스입니다. 필요를 충족시키는 시대가 끝나면서, 물건은 자기를 표현하기 위한 도구가 되었습니다. 에어컨은 시원하게 하는 도구라기보다 본인 취향의 인테리어에 어울리는 도구로써 에어컨을 원하는 것과 같은 경우라고 할 수 있죠. 또 하나는 서비스 산업화라는 흐름입니다.

지금까지는 대체로 제조업 중심으로 쭉 성장해 왔지만, 앞으로는 이런 두 방향으로 가기 위해 가치를 전환하지 않으면 안 된다고 봅니다. 그래서 가치를 전환할 수 있는 사람이 반드시 필요합니다. 그런 사람은 어떤 사람일까요. 아직은 그 직업에 이렇다 할 이름이 붙어 있지 않지만, 지금 있는 직업으로 말한다면 크리에이티브 디렉터 정도가 어울릴 것 같습니다.

미즈노 직업이란 게 원래 새로운 일이 시작되고 어느 정도 시간이 지난 후에야 이름이 붙여집니다. 예를 들어 '광고 플래너'라는 이름도 1970년대에는 같은 계통의 일부 사람들만 아는 단어였을 겁니다. '크리에이티브 디렉터'라고 하는 저의 직업도 세상에 알려지게 된 건 최근이죠. 굉장히 급격하게 알려졌다고 느끼는데, 이건 '문명'이 아닌 '문화'와 '의미'를 만드는 일이 절실히 요구되고 있다는 거겠죠.

야마구치 그 하나의 예가 2015년에 맥킨지가 LUNAR라는 디자인 회사를 인수한 것입니다.

미즈노 나이키나 코카콜라 같은 대기업 광고를 하는 오래된 회사죠.

야마구치 보스턴 컨설팅 그룹 계열사에도 디자인 회사가 있긴 합니다. 사업 전략의 프로인 컨설팅 회사가 디자인 회사를 끌어들였다는 것은 이제 본격적으로 세계관을 만들 수 있는 인재를 찾고 있다는 거죠.

미즈노 그 뉴스를 보고 놀랐습니다. 저는 맥킨지나 보스턴 컨설팅 같은 곳은 평생 들어갈 수 없는 회사라고 생각했는데, 희망의 빛이 조금 보였다고 할까요.^(웃음)

야마구치 그러셨군요.^(웃음) 솔직히 말씀드리면, 디자인 회사를 왜 인수했는지 잘 이해되지 않습니다. 중요한 것은 디자인을 직접 하는 것이 아니라 크리에이티브와 그걸 결정할 수 있는 시스템을 만드는 것이 우선이라고 생각합니다. 최종적으로 좋은 디자인을 선택하고 진행해 나갈 수 있는 시스템, 한마디로 '크리에이티브 관리 시스템'이라고 할 수 있겠죠. 이런 시스템을 만드는 것도 미래 컨설팅의 중요한 테마가 될 거라고 봅니다.

미즈노 실제로 최근 저에게 의뢰가 들어오는 일들의 패턴이 조금 바뀌긴 했습니다. 벌써 몇 년 전부터 광고 회사를 통하는 경우가 거의 없고, 고객이 직접 의뢰하는 경우가 대부분이거든요. 그것도 대기업에서 직접 연락 오는 일이 해마다 증가하고 있습니다. 거기다 최근에는 컨설팅 회사, 투자회사, 은행을 통해 들어 오는 의뢰도 증가하고 있습니다.

야마구치　의뢰 내용은 경영 컨설팅입니까? 아니면 디자인입니까?

미즈노　둘 다입니다. 은행들은 금리로 인한 수익이 한계에 왔고, 대출도 마찬가지 상황인 거죠. 결국 수익을 낼 수 있는 방향을 기업에 대한 투자로 돌리게 된 겁니다. 그래서 투자한 회사가 어려움에 부닥칠 때는 위기에서 벗어나도록 하기 위해 경영에도 일부 관여하여 응급처치를 하기도 합니다. 예전에는 투자회사가 주로 했던 것을 지금은 지방은행 같은 곳에서도 본격적으로 참여하게 된 거죠.

경영 컨설턴트는 경영 전략을 짜는 것까지는 할 수 있습니다. 하지만 아무리 대단한 전략을 세웠더라도, 최종적으로 세상에 내놓을 전략적인 아웃풋의 질이 나쁘면 좋은 결과를 기대할 수 없을 겁니다. 경영 컨설팅을 하면 할수록 디자인 같은 최종 아웃풋까지 제대로 하지 않으면 성공적인 컨설팅이 될 수 없다고 생각하는 것 같습니다.

그래서 유명한 컨설턴트나 은행의 높은 분이 직접 연락을 주시기도 합니다. 3년쯤 전부터 서서히 늘기 시작하더니 최근 1년 동안은 엄청나게 늘었습니다.

야마구치 컨설팅이 컨설팅만 하는 시대는 막을 내리고, 실제로 가시적인 결과물을 보여주지 못하면 큰 이익을 기대할 수 없게 되었습니다. 이런 부분에서 볼 때, 맥킨지가 LUNAR를 인수한 것은 선구적이라고도 생각했는데, 대표님은 평소에 체감하고 계셨군요.

사실 저는 맥킨지가 LUNAR를 인수했다는 뉴스를 들었을 때도 컨설팅 회사 본연의 업무를 생각하면 반드시 실패할 거라 생각했습니다. 앞에서 잠깐 말씀드리기도 했지만, 솔직히 진짜 바보 같은 짓이라고 느꼈거든요.^(웃음)

미즈노 그렇습니까!^(웃음)

야마구치 저도 전에 컨설팅 회사에서 일을 해봤지만, 컨설팅 회사는 보통 '필요를 충족시킨다'는 정신으로 정답이 있는 세계에서 과제를 해결합니다. 1+1은 반드시 2가 되는 것처럼 하나의 기준만 있으면 충분하거든요.

하지만 디자인은 여러 가지 요소가 복합적으로 작용하므로 하나의 기준만 가지고는 의미가 없습니다. LUNAR를 인수하면 고객에게 LUNAR의 디자인밖에 제공할 수 없게 되고, 그렇게 되면 전문 분야인 컨설팅에 있어 도리어 발목을 잡히게 됩니다.

'이 고객에게는 LUNAR, 저 고객에게는 굿디자인컴퍼니' 하는 식으로 외부와 협력하는 것이 선택의 폭도 넓어지고, 다양한 고객에게도 대응할 수 있게 되며, 성공률 또한 높아지겠죠.

그런데 자신들의 디자인 회사가 있으면, 그 회사의 이익도 고려해야 하므로 될수록 많은 고객에게 LUNAR를 강요하겠죠. 결국 손발이 묶인 상태가 되는 겁니다.

미즈노 그렇군요. 크리에이티브 팀마다 개성이나 특기가 다르다 보니 지향하는 세계관에 따라 그에 적합한 팀 편성부터 생각해야 하는데, 팀을 선택할 수 없는 상황을 스스로 만들어버린 셈이네요.

하긴, 기업이 디자이너를 둘러싸고 공인중개사같이 하기도 하고, IT 기업이나 네트워크 기업도 자체적으로 디자이너를 두고 있지만 제대로 된 일을 하고 있지 않다는 이야기를 종종 듣기는 했습니다.

야마구치 분산화가 빠르게 진행되고 있는 현대 사회에서 여러 역할이 하나의 큰 회사로 수직 통합하려고 하는 것은 시대에 역행하고 있는 겁니다. 회사에 디자인실이 있었던 90년대 이전 시대로 돌아간 느낌입니다. 오히려 작은 회사로 축소해 여러 디자인 회사와 함께 일하는 편이 좋을 텐데 말이죠.

저는 모든 회사가 작아지면서, 마치 영화제작처럼 할 거라고 생각합니다. 예컨대 제작자가 좋은 원작을 발견해서 그것을 토대로 영화를 만든다면, 자금을 모으고, 각본가와 감독을 정하고, 그런 다음 감독과 상의하며 캐스팅합니다. 그렇게 프로젝트별로 팀을 꾸리면 된다고 봅니다.

'1인 광고 회사' 레오나르도 다빈치

미즈노 기업이나 컨설팅 회사가 디자인 사업부를 만들어서 성공하기 쉽지 않은 이유로 2가지를 들 수 있습니다. 하나는 디자인이 가져다주는 효과를 가볍게 보기 때문이고, 다른 한 가지는 디자이너 관리를 가볍게 보기 때문이죠.(웃음)

저는 회사에서 20년 이상 디자이너를 총괄하고 있지만, 아직도 관리가 잘 안됩니다. 제 일 중에서 가장 어렵네요.(웃음)

예를 들어 포스터를 만들 때 '이 글씨체로 이 위치에' 하기로 했지만, 나중에 완성된 걸 보면 전혀 다른 글씨체로 되어 있습니다.

야마구치 그 글씨체에 많은 것들이 함축되어 있을 텐데.(웃음)

미즈노 왜 이렇게 됐는지를 물으면 '이 글씨체가 좋을 것 같았습니다'라고 합니다. 그럼 전 이런 이유로 이 글씨체로 결정하지 않았느냐고 상기시켜주죠. 그럼 그제야 '아, 집중해서 작업하는 동안 그 사실을 잊고 있었습니다'라고 하죠. 자유로운 영혼?(웃음)

야마구치 크리에이티브 관리 시스템이 필요하겠군요.

미즈노 디자이너 중에는 개성이 강한 사람이 많고, 다른 파트에서 뭐라든 자신만의 디자인을 하고 싶다는 사람들도 많습니다. 업계로 보면 좀 한심한 이야기지만, 비즈니스와 디자인이 협력해가는 데 있어서 그건 생각보다 커다란 과제이기도 합니다.

야마구치 그래도 미즈노 대표님 같은 분은 그 두 방면 모두 할 수 있기 때문에 조율도 가능하시겠죠. 크리에이티브 디렉터라고 불리는 사람은 미(美)나 예술의 세계와 비즈니스 세계의 울타리를 넘나들 수 있는 사람들이 아닐까요.

　그 대표적인 인물이 레오나르도 다빈치라고 생각합니다. 저는 다빈치에 관한 책을 많이 읽은 편인데, 얼마 전에도 아이작슨이 쓴 두꺼운 전기 『레오나르도 다빈치』의 서평을 썼었죠. 그야말로 다빈치는 비즈니스 프로듀서에 화가, 디자이너, 엔지니어였습니다. 그 옛날에는 이런 종류의 업무들에 울타리가 없었고, 분리되기 시작한 것은 최근 100년 정도라고 생각합니다.

레오나르도 다빈치는 현대식으로 말하면 광고 대행사인 셈이죠.

미즈노 예술가인 동시에 과학자이기도 해서 재주가 많았다는 건 알고 있지만, 광고 대행사 이미지는 생각해 보지 못했습니다.

야마구치 모나리자나 최후의 만찬 등이 너무나 유명해서 화가 이미지가 강하지만, 사실 완성 작품은 고작 10점 정도밖에 되지 않아 직업 화가라고 말하기는 어렵습니다. 극단적으로 말하면, 그리고 싶을 때 그리는 그저 취미로 즐겼다고 할 수 있겠죠.

그런 다빈치의 메인 직업은 주로 무기 개발이나 도시계획 수립 등 지금으로 말하면 싱크탱크나 컨설팅 회사에 가깝다고 할 수 있습니다. 유명한 체사레 보르자(이탈리아 정치가이자 성직자, 군 총사령관. 마키아벨리 '군주론'의 실제 모델)는 다빈치를 전략 어드바이저로 한동안 고용했습니다. 그중 흥미로운 것은 전략 어드바이저의 업무 중 하나로 '파티 연출' 같은 것도 있었다고 합니다. 15세기 중반의 이탈리아에서 귀족 가문의 딸이 결혼이라도 하면, 당연히 이웃 나라의 VIP를 초청해 성대한 파티가 열렸을 것이고, 다빈치는 그 파티의 연예 프로그램을 포함한 종합 연출을 맡게 되는 거죠.

그런 파티에 초대되었던 사람들이 남긴 기록은 오늘날까지 남아있는데, "오늘 결혼식은 굉장했다. 연극에서는 사람이 공중을 날아다니기도 하고, 사자가 관객석 쪽에서 갑자기 튀어나와 불을 뿜어내기도 해서 엄청 재미있었다"라고 적혀 있습니다. 그것이 다빈치가 했던 일입니다. 그야말로 '1인 광고 회사'라고 할 수 있죠.

미즈노 세계관을 만들 힘도 있었고, 프로듀스할 실력도 되었던 거네요.

야마구치 다빈치는 '1인 광고 회사'이면서 크리에이티브 디렉터이기도 합니다. 크리에이티브 디렉터라는 직업이 널리 알려진 것은 최근 10년 정도지만, 그런 일 자체는 600년 전부터 있었던 것 같습니다.

디자이너 같은 경영자 스티브 잡스

미즈노 '크리에이티브 디렉터는 세계관 만드는 일을 하는 사람'이라고 정의했을 때, 과연 그들이 어느 쪽에서 나올지 관심 있게 지켜보고 있습니다.

디자이너 쪽에서 등장하리라는 건 어느 정도 상상이 됩니다. 하지만 디자이너만으로는 부족하다고 생각하거든요. 게이오대학 수업에서 학생들에게 이런 이야기를 했습니다.

"정원 300석인 영화관이 있는데 전부 크리에이티브 디렉터용 지정석이다. 아직 3~4개 정도밖에 채워지지 않았다. 텅 비어 있다"

야마구치   아직도 많이 필요하다는 의미이신 거죠?

미즈노   네. 온갖 비즈니스 현장에서 크리에이티브 디렉터가 필요할 텐데, 현재는 텅 빈 상태라고 할 수 있거든요. 직함에 그 이름이 붙은 사람은 많지만, 제가 생각하는 크리에이티브 디렉터는 거의 없다는 뜻입니다.

야마구치   대표님께서 생각하는 크리에이티브 디렉터에는 누가 있을까요?

미즈노   우선은 스티브 잡스이죠. 그리고 누군지 모르지만, 스타벅스의 세계관을 관리하는 사람. 또 디즈니랜드도 훌륭하죠.
  제가 생각하는 크리에이티브 디렉터는 브랜드의 세계관을 만들 수 있고 동시에 경영이나 비즈니스도 생각할 수 있는 사람, 크리에이티브나 디자인의 세부를 보면서 기업이나 브랜드의 비전을 그릴 수 있는 사람입니다.

야마구치 그래서 스티브 잡스를 말씀하셨군요. 잡스는 매우 디자이너적인 경영자였다고 봅니다. 하지만 디자인을 전공한 사람은 아니고, 테크놀로지에 대해 잘 알고 있었지만 엔지니어로서도 일류까지는 아니었다고 알려져 있습니다.

잡스가 실제로 스케치하는 것도 아니고, 더욱이 엔지니어로서 해야 할 실무는 스티브 워즈니악이 했죠.

하지만 잡스는 자기가 만들고 싶은 것의 이상적인 모습이라든가, 인터페이스에 대한 이미지를 확실하게 가지고 있었습니다. 그것이 잡스의 진가입니다. 그래서 Apple의 세계관, 더 자세히 말하면 애플이 있는 세계를 만들어 낼 수 있었던 거죠.

미즈노 Apple 광고를 만든 크리에이티브 디렉터 소하라 고에게 들은 이야기인데, 잡스는 완성된 TV 광고가 그전에 제안했던 촬영 대본과 아주 조금 달라도 그 차이를 눈치챘다고 합니다. 디자이너 감성을 가지고 있는 거죠.

저는 디자이너가 경영을 잘 알아도 좋고, 경영자가 디자인을 잘 알아도 좋다고 생각합니다. 또는 그 사이를 연결해 줄 수 있는 사람이 있어도 좋겠죠. 어쨌든 중요한 건 디자인이나 어떤 형태의 아웃풋을 만드는 이전 단계, 즉 세계관부터 진지하게 구상할 수 있는 사람이 필요합니다.

스마트폰과 피처폰

미즈노   아이폰의 등장으로 스마트폰 시대가 열렸을 때 일본의 휴대전화는 '갈라폰(갈라파고스의 갈라와 핸드폰의 폰을 합친 말. 구형 폴더폰으로 일종의 피처폰)'으로 전락했습니다. 그리고 갈라파고스제도가 지금 같은 글로벌 시대에서는 찾아보기 힘든 것처럼 '갈라폰'도 점차 사라지고 있습니다.

야마구치   유명 디자이너가 직접 디자인한 휴대폰이 유행했던 시대가 있었는데, 그때는 사토 카시와나 후카사와 나오토도 직접 참여했었죠.

미즈노   히라노 케이코가 디자인한 휴대폰도 있었죠.

야마구치   후카사와 나오토가 디자인한 au휴대폰은 굉장히 색다르고 독창적이었죠. 지금 봐도 느낌이 살아있습니다. 그 당시에 어떻게 그런 것을 만들어 냈는지 모르겠습니다.
　이걸 보면 아이폰 같은 휴대전화를 탄생시키지 못했던 이유는 디자이너 문제라기보다 크리에이티브 관리 시스템 문제라고 생각합니다.

미즈노   의사결정 프로세스가 정리되지 않았다는 말씀인가요?

야마구치 　물론 그것도 포함되며, 거기에 팀이 단절되어 있었다는 문제가 있습니다. 독자적인 새로운 기술에만 집착한 것도 큰 문제였지만, '기술적인 부분은 엔지니어', '시각적인 부분은 디자이너'라는 제각기 다른 영역, 다른 방식으로 일하고 있었던 겁니다.

　하지만 기능이나 인터페이스의 이상적인 형태는 기술 영역에만 국한된 것이 아니라 디자인 영역이기도 합니다. 그런데도 완전히 분리해 버리면 '지금 있는 돌출된 키보드가 없다면, 매끄러운 형태가 되어 사용하기 편하고 멋있지 않을까'라는 발상 자체가 불가능할 것이고, 그렇게 되면 터치패널이라는 것은 상상조차 할 수 없게 됩니다.

미즈노 　그러네요. 휴대전화는 앞으로 어떤 모습이 돼야 좋을지 같은 큰 비전을 그리는 사람이 없는 채로, 통신사는 통신사 사정에 따라 움직이고, 제조사는 주어진 틀 안에서 기능을 추가하고, 디자이너는 외장 디자인만 하는 그런 단절된 환경에서 아이폰 같은 스마트폰이 만들어지기를 기대할 수는 없겠네요.

야마구치 　일본 휴대전화 산업에는 크리에이티브 디렉터 역할을 할 수 있는 디자이너가 있었지만, 그들이 펼칠 수 있는 무대가 너무 협소하게 설정되는 바람에 기술 부분까지 파고들 수 없었던 겁니다. 그것이 실패의 커다란 원인이라고 생각합니다.

미즈노   만약 디자이너에게 의뢰한 기업 쪽에라도 진정한 크리에이티브 디렉터가 있었다면 결과는 달라졌을지도 모르겠습니다. i-mode(90년대 일본만의 무선 인터넷 서비스) 시대에는 나쓰노 다케시가 있었는데, 그 이후는 안타까운 현실만 있네요.

야마구치   Ziba의 경영전략 이사 하마구치 히데시는 이런 이야기를 했습니다.

'회사의 사업은 가장 위에 콘셉트와 비전이 있고, 그 아래에 전략이 있고, 그 아래에 전술과 플랜이 있으며, 가장 아래에 실행과 디테일이 있다. 선택의 폭이 가장 넓은 곳은 분명 가장 위쪽 단계이다. 선택의 폭이 넓다면, 바로 거기에 전략을 차별화할 기회가 있다'

하지만 기업이 실제로 많은 시간과 아이디어 그리고 노동력을 투입하고 있는 것은 가장 아래쪽인 실행과 디테일 부분입니다. 휴대폰을 예로 들면, 판매를 위한 조직적인 광고와 홍보, 통신 속도, 모델 변경 같은 것을 말하죠. 2G폰 시대에는 봄·여름과 가을·겨울 1년에 2번 새 모델이 나왔죠. 한 업체가 5종에서 7종을 만들기도 했습니다.

미즈노   일곱 빛깔로 빛나거나,(웃음) 지나치게 환상적이거나.... '디자인 과잉'이죠.

야마구치 세계관에 관한 이야기나 테크놀로지의 미래에 관한 논의는 전혀 하지 않았던 겁니다.

'당신은 외장 디자인을 해라', '당신은 통신속도를 높여라', '당신은 카메라 화소를 높여라'처럼 개별 영역에서 개별적으로 주어진 목표만 향해 달리고 있으면, 목표를 달성하더라 모두의 힘이 다 같이 발휘될 수는 없을 겁니다.

크리에이티브 관리 시스템을 만들기 위해서는?

야마구치 대표님은 크고 작은 여러 기업과 일을 하고 계시는데, 의사결정에는 어려움이 없으신지요?

미즈노 저는 의사결정권을 가지고 있는 사람과 직접 일하는 것을 철칙으로 하고 있습니다. 의사결정 프로세스를 사전에 명확히 해두기 위해 일을 시작하기 전에 하나의 조건으로 제시합니다.

물론 가장 좋은 경우는 처음부터 협의가 잘 되어, 최고경영자가 저에게 전적으로 일임해 주는 경우죠. 그리고 이런 경우에는, 경영자가 실무를 담당하는 직원들에게도 일이 막힘없이 진행될 수 있도록 미리 지시해 놓습니다. 당연히 좋은 결과가 나올 확률도 높아집니다.

하지만 어느 정도 규모가 큰 회사에서는 임원 중에 반

대하는 사람이 나오기도 합니다. 최고 경영자와 '이렇게 하자'라고 협의가 잘 진행되어도 '아니 그건 우리답지 않다', '성과를 내기 위해서는 그렇게 하지 않는 것이 좋다'라고 다른 의견을 내세우기도 합니다.

반대로 능력 있는 실무 담당자가 사내 조율을 힘껏 도와주는 경우도 있습니다. 그러다 프로젝트 결과도 좋아지고, 담당자의 입지도 높아지면, 담당자의 발목을 잡는 사람이 생기기도 합니다.^(웃음)

한마디로 사내 정치죠. 이런 일은 고객사에 깊게 관여해서 일을 하면 할수록 자주 보게 됩니다. 어떻게 보면 자신들과 경쟁 관계인 외부 인사와 일하는 직원을 불편해할 수 있으니까요. 안타깝지만, 현실입니다.

야마구치 조직적인 의사결정 시스템을 가장 잘 운영하는 곳은 역시 양품계획이라고 생각합니다. 현 회장 가나이 마사아키는 앞에 지나치게 나서지도 않고, 안건은 이사회에서 결재하고 나면, 하라 켄야가 참여하는 디자이너 전문가 회의에서도 검토합니다. 좋은 의미에서 경쟁 관계에 있다고 할 수 있죠.

미즈노 그리고 보면, '무인양품'의 콘셉트를 만들어낸 초대 아트 디렉터 다나카 잇코 그리고 다나카 잇코와 함께 했던 크리에이티브 디렉터 코이케 카즈코의 DNA도 계속 계승

되고 있겠네요.

야마구치 양품계획 같은 회사가 더 많이 늘어났으면 좋겠습니다. 그러기 위해서는 경영자가 프로듀서처럼 운영해야 합니다. 모든 것을 회사 내에서만 해결하는 것이 아니라, 프로젝트별로 회사 밖에서 엔지니어나 디자이너를 섭외하는 거죠. 공장도 프로젝트 특성에 맞춰 알아보는 것이 좋다고 생각합니다.

경영자와 디자이너가 팀을 짜서 크리에이티브 디렉터 역할을 해도 좋을 것 같습니다. 끝도 없이 시장 조사만 하고서 대충 정하는 것보다 경영자와 디자이너가 함께 스토리를 만든다면 재미있는 미래가 될 겁니다. 사실, 저는 그렇게 된다고 예측한다기보다 그렇게 되도록 부추기고 있는 거죠.(웃음)

다만, 지금의 경영자는 대부분 50대나 60대로 세상이 변하는 과도기를 살았던 세대입니다. 이삼십 대 젊은 시절에는 주체적으로 뭔가를 만들기보다 지시에 따르라는 말을 줄곧 들었는데, 지금 와서 느닷없이 '회사가 가져야 할 독자적인 방향을 찾아라, 개성 있는 브랜드를 만들어야 한다'라는 분위기로 바뀌다 보니 당혹스러운 게 당연합니다.

미즈노 옳은 말씀입니다. 독창적인 조직을 만드는 첫걸음은 경영자가 크리에이티브의 중요성과 '의미를 만드는 것'의 필요성을 이해하는 것입니다. 경영자 자신에게 크리에이티브의 좋고 나쁨을 판단할 스킬이 없다면, 외부에서 크리에이티브 디렉터를 데려오는 게 맞다고 생각합니다. 저는 저를 소개할 때 '경영자의 우뇌'라고 말합니다. 경영자와 크리에이티브 디렉터가 한 팀이 되면 됩니다.

그다음은 조직구조를 바꿔야 합니다.

경제산업성과 특허청이 2018년 5월에 『디자인 경영』의 선행 사례'를 정리한 자료를 발표했습니다. 디자인 부서를 사장 직속 조직으로 하는 소니, 마츠다, 캐논, TOTO 등의 실례가 실려 있고, 최근에는 니콘도 이 움직임을 따라가고 있습니다. 그런데 솔직히 이제야 '선행' 사례 운운하는 것이 안타깝습니다. 다이슨이나 삼성 등은 훨씬 전부터 하고 있는데 말이죠. 그나마 소니에는 1960년대부터 사장 직속 디자인실(현, 크리에이티브 센터)이 있었지만, 그런 일본 기업은 극소수일 뿐입니다.

디자인이나 크리에이티브 부서는 앞으로 사장 직속으로 운영되어야 합니다. 예전 그대로의 경직된 조직에서는 아래에서 올라온 안건에 대해 중간 관리자가 'NO' 하면 다시 처음으로 되돌리기를 반복하게 되고, 더구나 회사라는 울타리 안에서만 단계를 밟아 진행한다면 '의미를 만드는' 전쟁에서 이길 수 없습니다.

크리에이티브 병원의 환자들

야마구치   미즈노 대표님 책을 읽고 깊이 공감했는데, 이렇게 함께 하다 보니 디자인에는 회사의 사상과 전략도 내포되어 있다는 사실을 다시 한번 깨닫습니다.

'필요만 충족시키는' 가치에는 미래가 없고, '의미가 담긴' 가치를 만들지 않으면 안된다. 그러기 위해서는 '미의 경쟁력을 높인다'고 하는 큰 테마에 주력해야 한다는 것이죠.

그 테마를 성취하기 위한 세 가지 과제가 있습니다.

첫째, 실제로 좋은 디자인을 만들 수 있는 사람을 어떻게 늘려갈 것인가?

둘째, 크리에이티브 디렉터를 어떻게 만들 것인가?

셋째, 디자이너와 크리에이티브 디렉터의 제안을 받는 기업들의 크리에이티브 인식을 어떻게 높일 것인가? 즉, 크리에이티브 의사결정 수준을 높여야 한다는 겁니다.

스티브 잡스 같은 CEO가 있으면 가장 이상적이죠. 일할 때 너무 자주 수정하고, 다소 괴짜 같은 면도 있고, 대인 관계에서도 트러블이 있을지는 모르지만, 일하는 사람의 눈높이를 높여주기도 하고, 아주 훌륭한 것들을 꾸준히 만들어낼 수 있을 테니까요.

하지만 현실적으로는 '멋진 상표가 중요하다'라며 디자인의 시각적인 것만 추구하는 사람도 많을 겁니다. 반대로 '잘 팔릴 수 있는 상표가 중요하다'라며 디자인에 모든 것이 달렸다고 믿는 사람도 있을 겁니다. 양쪽 다 곤란하긴 마찬가지입니다.

투자회사 사람과 함께 찾아온 이런 극단적인 경영자가 있는 회사 일은 어렵지 않을까요.

미즈노   저는 크리에이티브 병원이라 부르고 있는데, 저희 회사에 오는 환자분의 병이 얼마나 위중한지에 따라 달라진다고 보시면 될 것 같습니다.

분명히 상태가 좋지 않아서 여러 방법을 써봤지만 소용없었고, 자신도 '더는 무리일지 모르겠다' 싶어 지푸라기라도 잡는 심정으로 저희 회사를 찾은 중병에 걸린 경영자는 절실함 그 자체인 거죠. 이런 경우는 치료하는 동안 잘 해결되기도 합니다.

반대로 자각증상이 없어 아직은 멀쩡한 채로 투자회사에 끌려온 경영자는 '유명한 도쿄 의사 선생에게 왔으니 멋진 상표 하나 부탁합시다' 같은 느낌이죠.(웃음)

야마구치   당사자가 의지를 갖고 있지 않으면, 그들을 움직이는 것은 어렵겠군요.

미즈노   맞습니다. '이렇게 하고 싶다'라는 강한 의지도 없고, 회사나 브랜드에 대한 깊은 애정도 없습니다. 회의에서는

'결정한 대로 진행하겠습니다'라고 해놓고, 나중에 보면 투자회사나 모회사에서 무슨 말인가를 듣고 와서 '생각해 봤는데, 다른 안으로 하는 것이 좋을 것 같습니다'라고 하기도 하죠.(웃음) 그럴 때는 아까 말씀하신 의사결정 프로세스부터 다시 짜야겠지요.

하지만 일이란 결국 누군가의 강한 열정이 엔진이 된다고 생각합니다. 회의를 거듭하는 동안, 처음에는 별 발언도 하지 않던 한 젊은 사원이 점점 열의를 가지고 임하게 되면서, 바로 그 한 사람의 변화를 계기로 팀 전체가 조금씩 바뀌어 가는 경우도 실제로 있었습니다. 선생님께서도 모티베이션이 최고의 경쟁력이 되는 시대라고 말씀하셨는데, 정말로 그런 것 같습니다. 모티베이션은 좋은 일을 만들어 내는 최강의 에너지입니다.

야마구치   '이 상태로 고혈압을 방치하면 나중에 위험할 수도 있다'라는 것을 스스로 깨닫고 병원을 찾는 경증 환자는 없을까요?

미즈노   있습니다. 앞서 말한 가야노야의 '구바라 본가'가 그런 케이스입니다. 그리고 미야자키현 소주 양조장 '구로키 본점'도 일을 함께 한 지 벌써 7년 정도 되는데, 그런 경우였습니다. 매출만 보면 그렇게 심각하지 않았지만, 장차 앞일을 생각하면 브랜딩이 필요하다고 생각했던 겁니다.

유능한 경영자일수록 크리에이티브 병원의 필요성을 알고 있는 것 같습니다. 이건 회사 규모와 상관없습니다.

그다음은 가업으로 세대교체를 앞두고 있는 회사들입니다. 본인은 가까운 장래에 자식에게 자리를 물려줄 예정인데, 지금부터 준비해서 세대교체 후에도 회사 경영이 순조롭게 유지되도록 하고 싶어 찾아오는 경우입니다.

야마구치 자각증상이 없는 환자 중에 갑자기 '이 부분은 빨간색으로 해야 한다'처럼, 왜 그렇게 해야 하는지 알 수 없는 말을 하는 사람은 없었나요? 저는 덴츠에서 그런 곤란했던 경험이 있거든요.(웃음)

일에 관한 것은 충분히 논의해야 하는데, 어떤 의견 교환도 없이 막무가내로 '빨강이 좋다'라고 하면, '빨간색이요...'라고 대답할 수밖에 없었죠. 이건 그냥 한마디 하고 싶었던 겁니다. 그래서 디자이너에게 어떻게 전달하면 되겠느냐고 물으면, '우리 회사의 행운 색이 빨강이라서...'라고 말합니다.(웃음)

미즈노 말씀하신 일을 저도 종종 경험합니다.(웃음) 그럴 때 저는 우선 '좋아하는 것만으로 말하지 마시고, 처음에 결정했던 콘셉트로 돌아가서 생각해 봅시죠'라고 합니다.

예를 들면 소테츠의 유니폼을 결정할 때, 넥타이 무늬를 놓고 가장 의견이 분분했습니다. 이번 프로젝트에서는 처음부터 '안전 × 안심 × 우아함'을 콘셉트로 정했습니다. 그래서 차량 색상은 요코하마 바다색을 연상시키는 '요코하마 네이비블루'로 했고, 유니폼도 재킷은 감색으로 금방 정해졌는데, 넥타이만 물방울무늬가 좋다는 의견과 줄무늬가 좋다는 의견으로 나뉘어져서 좀처럼 결정나지 않았던 겁니다.

그래서 제가 '물방울무늬는 우아한가요?', '줄무늬가 왼쪽으로 올라가면 미국식, 오른쪽으로 올라가면 영국식입니다. 그럼 소테츠선은 미국과 영국 중 어느 쪽인가요?'라고 물은 후, 결과는 '무지'로 깔끔하게 정리되었습니다.

이것은 구체적인 디자인을 하기 전에 의미 그리고 스토리나 세계관을 먼저 만들기 때문에 가능했다고 생각합니다. 제가 주로 하는 일이 바로 이렇게 조율하고 진행하는 것입니다.

야마구치 엄청 큰 연구 주제가 되겠는데요.

'어떤 것을 세상에 내놓고 싶은' 기업의 열정도 중요하고, 기업이 선호하는 것에 대한 마음 또한 매우 중요합니다. 그렇지만 뜨거운 열정만 가지고 의견을 피력하거나, 기업이 선호하는 것만 하게 된다면, 결국 모든 것이 엉망이 될 수도 있는 모순이 있기 때문에 크리에이티브 의사결정이 어려운 것이겠죠.

미즈노 외국기업 중에 크리에이티브 의사결정 시스템을 잘 운영하고 있는 곳은 어디라고 할 수 있을까요?

야마구치 대표적으로는 유럽의 럭셔리 브랜드 그룹인 LVMH^{(루이비통} LV와 모엣 헤네시 MH)를 들 수 있죠.

미즈노 모엣 헤네시 루이비통은 디올, 펜디, 제니스 같은 패션과 불가리나 위블로 같은 보석 제품 그리고 헤네시 같은 주류회사도 이 그룹에 속하죠.

야마구치 CEO 베르나르 아르노가 디자인에 대해 관여할까요? 아마 그렇지 않을 겁니다. 어쩌면 최종 승인조차 하지 않을지도 모르겠습니다.

대부분이 가족경영이었던 유럽 회사를 인수하여, 현재의 글로벌 브랜드로 우뚝 설 수 있도록 한 걸 보면, 거기에 걸맞은 관리를 하고 있겠지만, 중요한 건 개입해야 되는 지점과 개입하지 않아야 되는 지점의 구분을 절묘하게 잘하고 있다는 겁니다.

만약 베르나르 아르노가 루이비통의 다음 시즌 컬렉션을 보고 '이 색조가 맘에 안 드니 빨강으로 하라'거나 하면, 순식간에 그 제국은 붕괴되고 말 겁니다. 이 거리감 같은 것이 매우 중요합니다.

알랭 뒤카스에게 컵라면을 만들게 하다

미즈노　모두가 베르나르 아르노나 스티브 잡스처럼 될 수 없기 때문에 선생님 말씀처럼 외부에서 사람을 데려올 필요가 있습니다.

　다만, 영입하는 타이밍이 매우 중요합니다. 예를 들어 영입한 사람이 새로운 음료를 만들려고 해도 이미 상품이 구체적으로 정해져서 막바지 단계까지 왔다면, 할 수 있는 일은 별로 없을 겁니다. '탄산 레몬주스 500ml'까지 결정되었다면, 나머진 상품명과 패키지 정도뿐이죠.

　하지만 더 이른 단계에서 뛰어난 크리에이티브 디렉터가 참여한다면 '레몬주스가 정말 팔릴까' '꼭 500ml 여야 할까' 등 여러 가지 고민과 생각을 통해 진행할지도 모릅니다. 그리고 일도 막힘없이 진행될 겁니다. '다양한 상황을 고민한 끝에 의미가 담긴 스토리가 정해졌다. 그래서 이 세계관을 표현할 수 있는 것은 바로 이 디자인이다'처럼 자연스럽게 결정될 테니까요.

　만들려고 하는 것에 대한 고민과 생각없이 시작하면 진행에 어려움을 겪게 되고, 문제를 해결하기 위해 외부에서 영입하지만, 그땐 너무 늦은 타이밍일 수밖에 없습니다. 결국 차별화되지 않은 평범한 레몬주스가 되고, 매출 또한 좋은 결과를 기대할 수 없을 겁니다.

야마구치　그건 마치, 이미 컵라면이 테이블에 놓여 있는 상태에서 주방장을 찾는 거나 마찬가지군요. 알랭 뒤카스*를 불러오나, 그 어떤 사람을 불러오나 완성된 요리는 별반 차이가 없을 겁니다. 한 마디로 차별화가 어렵다는 거죠. 알랭 뒤카스에게 꽃새우와 화학조미료를 준비했으니 마음껏 창의력을 발휘해 달라고 부탁하면, 얼마나 난처하겠습니까. '아니, 이걸로 내가 어떻게...'라고 하지 않을까요.^(웃음)

선택의 폭이 너무 좁습니다. 다시 말해, 미의식이나 디자인 역할을 축소해버린 것과 같은 의미라고 할 수 있죠. 특히 일본에서는 이런 현상이 이래저래 50년은 지속되어 온 문제라고 생각합니다.

샤넬의 전과 후

미즈노　저는 '디자인에는 전과 후가 있다'라는 말을 자주 합니다. '후'는 그림을 그리거나 형태를 만들거나 하는 디자이너의 일들이고, '전'은 제가 의뢰받으면 시간을 가장 많이 들인다고 하는 부분입니다. 요리로 보면 어떤 음식을 만들지 정하는 부분이죠. '어떤 음식을 만들지', 바로 이 구상을 어떻게 하는지가 음식의 맛을 결정한다고 할 수 있겠죠.

---

* 요리사, 프랑스 요리사 중 처음으로 3성 레스토랑 두 곳을 경영하는 쉐프.

야마구치 디자인의 전과 후로 본다면, 샤넬 정장이나 가방은 샤넬 디자인의 '후' 단계에 속한다고 할 수 있겠군요.

샤넬이 상류층 여성을 위한 옷을 만들기 시작할 때, 당시 고급 정장은 허리를 조이고 가슴을 강조하고 있어 착용하기는 불편하지만, 보이기에는 예쁘고 섹시한 드레스였습니다. 값이 비싸다 보니 고객들은 후견인이나 경제권을 가진 남편이 골라주는 것을 입었죠. 답답한 코르셋이 붙어 있었던 것은, 어떤 의미에서, 여자는 하나의 인형처럼 여겨졌다는 것을 보여주는 상징이기도 합니다.

가브리엘 샤넬은 보육원에서 자랐고 술집에서 노래도 부르고 한때는 정부(情婦)가 되기도 했지만, 남자에게 의지하지 않는 삶을 살고 싶다는 강한 프라이드와 야심을 가지고 있었죠. 여자가 좀 더 자유로워지고 자기 옷은 자기가 골라야 한다는 가치관이야말로 미즈노 대표님께서 말씀하신 샤넬 디자인의 '전'에 해당하겠군요.

미즈노 샤넬은 여성을 코르셋에서 해방시키고, 남성의 전유물이던 재킷과 트위드를 처음으로 여성복에 사용했고, 여성복에 검은색을 처음 쓴 것으로도 잘 알려져 있습니다. 양손이 자유로워지는 숄더백도 샤넬의 발명이라고 합니다.

야마구치 맞습니다. 오늘날 여성 패션의 정석은 샤넬이 발명했다고 할 수 있습니다. 당연히 디자인의 '후'는 멋집니다. 하지만 착용감이 좋고 우아하게 보이는 획기적인 드레스와 가방은 '여성의 새로운 생활방식'이라는 '전'이 있었기에 탄생한 것이라고 할 수 있겠죠.

샤넬 정장이나 가방의 이미테이션 상품이 많이 나돌고 있지만, 그녀의 가치관과 생활방식, 시대에 대한 저항심까지 베낄 수는 없겠죠. 그야말로 20세기 여성은 이래야 한다는 구상이고, 그런 구상을 머리로만 한 게 아니라 생생한 삶의 희로애락까지 담아 만들어낸 것입니다. 그래서 혁명이 일어날 수 있었다고 생각합니다.

이것은 스티브 잡스도 마찬가지였습니다. 저에게 인상적이었던 잡스의 일화가 있습니다. 잡스가 제록스의 실리콘밸리 연구소에 갔을 때, 모두가 최신 기술을 보고 대수롭지 않게 반응하고 있는데, 잡스 혼자서 '이것은 혁명이다!'라며 크게 흥분하고 있었다는 겁니다. 잡스의 눈에 뭔가가 보였던 게 분명합니다. 고등학생이 매킨토시로 프로그래밍해서 엄청난 일을 하고 있는 그림을 말이죠. 그는 눈앞의 최신 기술이 아니라 자신 안에 생겨난 미래의 세계관에 흥분했던 거라고 생각합니다.

AI가 있으면 디자인은 필요 없을까?

미즈노   대부분의 디자이너는 AI 기술이 발달해도 디자이너라는 직업은 없어지지 않을 거라고 착각하고 있지만, 저는 가장 먼저 없어질 직업이라고 생각합니다.

디자인은 지식과 지식의 결합이므로 랜서스(프리랜서 전용 중개 사이트) 같은 매칭이 늘어갈 테고, 앞으로는 의뢰인에게 적합한 디자인을 만들어 주는 애플리케이션이 대세가 될 거라고 봅니다.

야마구치 미리 선호하는 디자이너나 디자인을 등록해 둔다면, 어떤 디자인이 적합하다고 알려준다는 뜻입니까?

미즈노 그렇습니다. 처음에는 기업에서 선호할지 모르지만 시간이 지날수록 디자인 지식이 풍부한, 예를 들면 크리에이티브 디렉터 같은 사람이 주요 고객이 될 수도 있습니다. 그러면 결국엔 디자인 전문가들을 통해 더욱 진보한 AI가 가장 적합한 것을 고르게 되겠죠. 특히 심플한 그래픽 디자인 분야는 더 일찍 그런 시대가 올 거라고 봅니다. 로고만 있으면 AI가 만들어 주는 서비스들은 이미 나와 있기도 하거든요. AI가 디자인을 골라 줄 미래는 바로 눈앞까지 와있다고 할 수 있죠.

야마구치 저는 양극화할 거라고 봅니다. 음악을 보면, AI에 음악을 만들게 하는 연구가 꽤 진보했고, 제법 괜찮은 것도 만들 수 있게 됐습니다. 하지만 아직까지는 짧은 곡 정도는 만들 수 있지만, 1시간짜리 교향곡은 현재로선 무리라고 봅니다. 곡의 시작에서 끝맺음까지 독립적이면서도 유기적으로 구성된 스토리를 구축할 수 없기 때문이죠.

예를 들어 쇼팽의 데이터를 AI에 입력하면, 처음엔 쇼팽처럼 비슷한 곡을 만들겠지만, 대신 언제 끝날지도 모르는 멜로디만 반복적으로 이어지는 상당히 괴상한 곡이 될 것 같습니다. 곡 전체의 기승전결을 만들지 못하다 보니 곡의 생명이랄 수 있는 스토리가 없는 거죠.

반면에, '15초짜리 곡'은 그야말로 무한정으로 만들 수 있을 겁니다. 그러면 광고 음악을 전문으로 하는 작곡가가 제일 먼저 AI에 먹혀버릴지도 모르겠군요. AI의 진화로 음악에 관한 지식이 없는 사람도 손쉽게 작곡을 할 수 있게 되면, 음악의 공급량은 폭발적으로 증가하게 될 겁니다. 이런 상황은 작곡의 노동 단가를 거의 제로로 만들지 않을까요. 잘나가는 작곡가는 견고한 팬층이라는 고객 자산이 있으므로 AI로 대체되는 일은 좀처럼 없겠지만, 광고 음악 작곡가의 고용주는 광고 회사나 광고주라서 항상 비용 절감이라는 압력을 받을 테니까요.

생각해 보면, 사카모토 류이치에게 부탁하고 싶은 영화 음악을 AI에 맡기진 않겠죠. 그런 의미에서 볼 때 양극화는 당연한 결과라고 생각합니다. 그래서 미즈노 대표님 일도 인공지능으로 바뀔 거라는 생각 역시 들지 않습니다.

미즈노	아웃풋이나 디자인의 '후' 부분은 AI가 만들 수 있게 되겠죠. 하지만 디자인의 '전', 바로 이 부분을 제대로 하기 위해 어떤 세계관을 어떻게 만들지 결정해 가는 프로세스가 AI는 아직 어려울지도 모르겠습니다. 그 점이 제가 계속 이 일을 해나가는 의의라고 생각하고 있습니다.

디자인 공부법

미즈노	인풋에 대한 선생님 말씀을 들으면서 느꼈지만, 예술은 물론이고 미술사나 디자인에 대한 지식이 정말 풍부하시네요. 어떤 공부를 하십니까?
야마구치	대학생 때부터 디자인 역사에 대한 책을 즐겨 읽었습니다. 그리고 어머니가 '다양한 경험의 중요성'을 강조하시던 분이라 그 영향도 있었을 겁니다. 고등학생 무렵부터 『STUDIO VOICE(1976년 창간한 문화 월간지)』를 읽기도 했죠.
미즈노	저도 읽었습니다.(웃음) 특히 사진 관련 특집은 너무 많이 읽어서 책이 너덜너덜해졌을 정도였죠.
야마구치	바우하우스에는 당연히 관심이 많고, 프랑스 국영방송에서 방영하는 유명 건축물을 소개하는 프로그램 같은 것

은 제가 좋아해서 즐겨 보고 있습니다. 1시간 내내 퐁피두 센터의 무엇이, 그리고 왜 굉장한지를 해설하는 매우 마니아적인 프로그램이기도 하죠. 취직한 곳이 덴츠의 영업파트여서 방향이 조금 틀어지긴 했지만, 배운다는 것은 역시 즐거운 일인 것 같습니다.

미즈노 제 이름에도 '배울 학'이 있죠.(웃음)

이젠 끊임없이 배우지 않으면 안 된다는 것을 많은 분들이 공감하고 계실 겁니다. 지금까지 이야기한 것으로 디자인을 다시 정의하면, 사회생활을 하는 데 있어 누구에게나 필요한 것이라고 하면 될 것 같습니다. 하지만 디자인은 '특별한 능력이 필요하다' 또는 '미대생의 전유물이다'라고 단정 짓다 보니, 다들 디자인을 어렵게만 바라보는 것 같습니다. 그냥 다른 공부처럼 하면 됩니다.

야마구치 인풋 방법을 포함해서 대표님께서 가르치는 디자인 공부법은 어떤 건가요? 그리고, 디자인은 재능이 없어도 배우면 할 수 있는 건가요?

미즈노 게이오대학에서 강의한 내용을 단적으로 표현하면 '지식×방법'입니다. 지식이 적은데 방법만 알고 있어도 안 되고, 지식이 많아도 방법을 모르면 안 됩니다. 우선은 많은 디자인을 보는 것부터 시작하면 됩니다.

그리고 디자인 실력을 올리기 위해서 쉽게 할 수 있는 방법에 대한 질문을 자주 받지만, 제가 하는 디자인만 해도 그래픽 디자인, 제품 디자인, 내장 디자인 등 분야가 다양합니다. 그래서 그래픽만 따로 놓고 보면 크게 3가지가 있습니다.

첫 번째는 '다움'으로 사물 자체의 특징을 찾아야 합니다. '시즐'이라 부르기도 하지만, 그 사물 자체의 '다움'을 제대로 파악하고, 그 사물 자체가 가지고 있는 매력이 전달될 수 있는 표현을 찾는 것이 무엇보다 중요합니다. 세상에 가치 없이 흘러넘치는 디자인은 출발점부터 잘못된 것이 꽤 많습니다. 예컨대 고급 상품으로 보여지고 싶었을 텐데, 왜 이런 흔한 색상을 사용했을까 라는 생각이 드는 디자인이죠. 세계관을 제대로 만들지 못했고, 어쩌면 상품 자체의 '의미'조차도 제대로 인식하지 못하고 있다는 얘기겠죠.

두 번째는 글씨체나 색 등 디자인과 관련된 가장 기본적인 지식을 익혀야 합니다. 색상에 관해서 말씀드리자면, 색상환(색의 변화를 표시하기 위해 색을 둥글게 배열한 것)을 이해만 하고 있어도 정말 다릅니다. 선생님께서는 기본 상식일 거라 생각합니다만, 강연에서 색상환에 대해 이야기하면 이해하지 못하는 사람이 의외로 많습니다.

세 번째는 하면 안 되는 것들을 알아두어야 합니다. 당연히 차별적인 표현이나 성(性)의 다양성에 대한 배려가 없는 표현은 절대로 안 되겠죠. 그것과는 별도로, 디자인에도 사실 금기시 되는 것이 많이 있습니다. 그중에 앞에서도 말씀드렸듯이 '이 글씨체를 사용하면 서양 사람들은 이렇게 느낀다'처럼 경험과 배움을 통한 것이 있습니다. 그리고 전단지에서 자주 볼 수 있는 것으로 글씨체를 7~8개씩 사용하거나, 색을 너무 많이 사용하거나, 글자 크기도 가지각색으로 해서 정보가 머리에 잘 들어오지 않는 디자인이 있습니다. 일부러 특별한 목적을 가지고 디자인하는 경우를 제외하고, 정보 전달을 목적으로 한 경우에는 글씨체, 색상, 글자 사이즈 종류가 너무 많으면 목적을 제대로 이루지 못하는 경우가 대부분입니다.

야마구치 너무나 명쾌하게 설명해 주시니, 누구나 디자인을 할 수 없다는 게 오히려 이상하단 느낌이 드는군요.^(웃음) 하지만 실제로 하려고 하면 어렵단 말이죠.

센스가 무서운 이유

야마구치 못하는 것에 대해 변명하려는 건 아니지만, 역시 디자인이라고 하면 무섭다는 생각이 듭니다. '이것이 좋은 디자인이다'라고 말했는데 결국 인정받지 못하면, 어떤 의미에선 인격을 무시당했다는 느낌일 테니까요. 경험이 많지 않은 사람일수록 더 두려워할 것 같습니다.

미즈노 잘 알죠, 그 느낌.

야마구치 가령 필요를 충족시키기 위해 '이것이 맞는 것 같다'라고
판단해서 어떤 상품을 개발하고, 시장 조사를 한 다음 기
능을 향상시켜 출시했지만, 가격경쟁에서 밀려 판매가
부진했다면, 이런 경우에는 도망갈 곳이 있습니다.

미즈노 상품 자체나 사람, 상황을 탓할 수 있을 테니까요.(웃음)

야마구치 실제로 이 순간에도 상품이나 사람, 상황을 탓하는 사람
이 도쿄에만 100명은 될 겁니다.(웃음) '가격 설정이 잘못됐
다', '라이벌이 더 좋은 기능을 개발했다', '개발이 한발
늦었다' 하면서 말이죠.
　하지만 '나는 이것이 멋있다고 생각한다'라며 자신의
감성이 담긴 상품을 출시했다가 실패하면 도망갈 수 없
는 궁지에 몰리게 됩니다. 실패한 원인이 '당신이 센스가
없기 때문'이라고 하면, 대미지가 너무 커서 재기할 수 없
게 됩니다.
　'내가 멋있다고 느끼는지만 생각한다'라는 신념을 가진
발뮤다의 테라오 겐 같은 사람은, 어떻게 보면 아티스트
로서 자신의 아웃풋을 세상에 내놓는 것처럼 실패에 대

한 대미지를 감수할 각오가 되어 있을 겁니다. 그러나 정작 많은 아티스트들도 어느 정도 각오는 했겠지만, 비평가의 비난으로 상처 입은 가수나 작가들이 상당히 많습니다. 하물며, 그것을 일반인이 감수한다는 것은 쉬운 일이 아닐 겁니다.

미즈노 맞습니다. 센스 없다는 말을 들으면 상처받는 사람이 많을 겁니다.

야마구치 쉽게 상처받는 대부분의 사람은 인생에서 그런 경험이 별로 없었기 때문이라고 생각합니다. 시험 점수가 나쁘면 '공부를 안 했다', '계산이 잘못됐다'라고 하며 도망칠 수가 있었죠. 학교는 원래 그렇게 되어 있고, 지금까지는 일도 같은 방식으로 할 수 있었습니다.

그렇지만 앞으로는 도망치면 안 된다는 것도 현실입니다. 일을 잘한다 못 한다를 결정하는 마지막 갈림길은 그 사람의 감성이 좌우합니다. 즉, 센스가 경쟁의 우위를 결정하므로 거기서 승부하는 것을 회피한다면, 더 이상의 진전은 기대할 수 없겠죠. 결국 자신이 기대하는 일은 할 수 없고, 잘 팔리는 상품이나 서비스도 만들 수 없습니다. 여기저기 도망 다니면서 일한다는 것은 야구선수가 타율 2할 3푼 정도에 홈런 10개 정도로 주전 선수가 될까 싶은 가장 어중간한 느낌으로 모든 일이 끝나는 것과 같습니다.

미즈노   교육도 달라질 필요가 있습니다.

학교 교육은 초등학교부터 대학교까지 16년 동안 '정답'을 찾는 훈련만 하고 있다 보니 학교를 마치고 사회로 던져진 순간, '정답이 중요한 게 아니라 의미 있는지가 중요하다'라거나 '당신의 센스와 미의식으로 판단해라'라는 말을 갑자기 듣는다면 좀처럼 대응하기 쉽지 않을 겁니다.

저는 가끔 제가 브랜딩 하는 가게에 초등학생 아들을 데리고 갑니다. "아빠 일 좀 도와주면 좋겠어. 지금부터 이 가게를 관찰해서 바꾸면 좋겠다고 생각하는 것을 15개 정도 이야기해 줄래?"라고 하면, 아이는 신이 나서 여기저기 기웃거리며 정곡을 찌르는 말들을 서슴없이 합니다. 사람은 원래 그런 예리함을 가지고 있다는 생각이 들더군요. 하지만 '정답' 찾기나 '필요를 충족시키는 일'만 찾게 되면서 어느새 감각이 둔해진 겁니다.

야마구치   자기 자신의 호불호를 아는 것도 센스를 연마하기 위한 첫걸음인 것 같습니다.

미즈노   네, 그렇다고 해도 회의 때 자신이 좋아하는 것만 고집하면 곤란하긴 하죠.(웃음)

자신이 그것을 좋아하는지 싫어하는지를 생각하면서, '왜' 좋아하는지 그리고 만일 싫다면 '어떻게 하면' 좋아하게 될지, 좋고 싫고의 이유까지 알려고 하는 습관을 갖는다면 감각은 발달하게 됩니다.

저는 업계에서 아웃사이더인 편이라...,^(웃음) 되도록 디자인을 언어화하려고 노력하고 있으며, 전문적인 영역까지도 오픈하려고 합니다. 하지만 그것은 마술사가 마술 비법을 공개하는 것과 마찬가지이기 때문에 디자인을 누구나 할 수 있게 만들어버리는 일입니다. 이것은 자신이 펼친 마술에 대해서 '시시하다'라고 비판할 수 있는 사람을 늘리는 일이기도 합니다.

지금까지 많은 디자이너는 디자인이 갖는 마술적 성격의 혜택을 누려왔다고 봅니다. '이것을 다룰 수 있는 것은 재능이 있는 우리뿐이다'라고 하면, 자신들은 무사할 수 있거든요. 하지만 앞으로는 모두가 센스와 미의식을 스킬로 가질 수 있고, 당연히 가지고 있어야 합니다.

야마구치   맞는 말씀인 것 같습니다.

미즈노   제가 선생님을 굉장히 좋아하는 것은 원래 디자이너가 하는 전문적인 말을 어려운 단어를 사용하지 않고 알기 쉬운 말로 가르쳐 주시기 때문입니다. 저에게는 구세주라고 할 수 있죠.^(웃음)

그리고 그 비법을 담은 책이 잘 팔리고 있다는 것은 역시 굉장한 시대라는 것을 보여주고 있습니다. 모두가 비법을 알고 싶어 하고, 직접 마술을 펼치고 싶어 하는 거겠죠. 그것이 바로 눈앞에 있는 미래가 아닐까요.

돌도끼와 아이폰의 '디자인'

야마구치 흑요석을 갈아서 만든 석기시대 돌도끼와 아이폰 3G의 크기가 거의 같다고 말하더군요. 지금 스마트폰은 전보다 상당히 커지긴 했습니다.

미즈노 손에 들었을 때의 느낌이 비슷한 거겠죠. 물론 아이폰밖에 들어본 적이 없지만.(웃음)

야마구치 손으로 만지는 감각, 그것이 포인트입니다. 돌도끼를 만들 때, 무엇보다 도끼날이 잘 드는 기능이 우선이겠죠. 하지만 여러 가지 돌도끼를 만들다 보면, 손에 들기 쉬운지 그리고 그 느낌은 어떤지, 보기엔 괜찮은지, 날은 잘 들고 튼튼한지 등 생각해야 될 부분이 많아지게 되면서 진화한 거죠. 이건 '디자인'이라고 할 수 있지 않을까요.
　성능 좋고 사용하기 쉬운 데다 튼튼하면서 보기에도 멋진 것. 그렇게 되면 '저 사람의 돌도끼, 나도 갖고 싶다'라는 사람이 생기면서 가치가 올라가겠죠. 원시시대 때도 물욕은 있었을 테니까요.

미즈노 재미있네요. 원시시대에 '이거 좋은데!'라며 자연스럽게 형성된 돌도끼의 적정 크기에 대한 느낌이 있고, 그것이 아이폰을 쥐었을 때 느낌과 같았다. 이건 사람 손에 친숙한 크기는 석기시대나 지금이나 크게 다르지 않다는 말씀이신 거죠.

저도 비슷한 경험이 있습니다. 생활에 밀접한 새로운 상품을 만든다는 콘셉트의 잡화 브랜드 'THE'를 운영하고 있는데, 밥그릇을 개발할 때 사람 손에 가장 편하고 들기 쉬운 모양은 무엇일까에 대한 고민을 많이 했습니다. 개발팀에서 만들어 보기를 거듭하며 여러 가지 패턴을 테스트한 결과, 지름 12cm, 높이는 그 절반인 6cm 라는 결론을 얻었습니다. 이 과정에서 놀라운 일이 있었습니다.

옛날에는 밥그릇이 둥근 공을 뜻하는 '마리'라고 불렸으며, 좋은 그릇은 그릇 위에 다른 그릇 하나를 거꾸로 엎어서 둥글게 했을 때 지름이 12cm인 공 모양이 되었다고 합니다. 다시 말해 저희가 그렇게 여러 차례 만들어보고 땀 흘리며 도출해 낸 가장 좋은 크기가 우연히도 옛날부터 전국 각지에서 만들어졌던 모양과 같았다는 겁니다.(웃음) 각 생산지에서 다양한 밥그릇을 볼 기회가 있었는데, 옛날부터 내려오던 전통적인 모양도 역시 지름 12cm(4치), 높이 6cm(2치)였습니다. 하지만 어느 곳에서도 그 이유를 아는 분은 만나지 못했습니다.

제가 이 이야기를 하는 건 단순히 선조들의 지혜가 굉장하다는 걸 강조하려는 게 아닙니다. '12cm = 4치'처럼 옛날부터 내려오는 길이의 단위는 '신도척(신체를 이용한 척도의 단위. 한 뼘, 한 길, 한 치 등)'이라고 부르는데, 이것을 보면 감각적으로 몸과 친숙한 길이가 자연스럽게 단위로 형성된 것입니다. 여기에 큰 의미가 담겨있습니다.

야마구치   앞으로의 디자인에는 '손에 익다', '피부에 와 닿는다'와 같은 감각적으로 편안한지에 대한 중요성이 더 높아질 거라 생각합니다. 영상도 그렇고, 스마트폰 앱도 마찬가지입니다. 작동법에 스트레스를 느끼는 인터페이스는 점점 안 쓰게 되겠죠.

미즈노   저는 파리 루브르 박물관을 좋아해서 여러 번 갔었는데, 거기에는 고대 토기도 전시되어 있습니다. 박물관에 전시된 것은 인간이 과거에 디자인했던 것을 모아 훗날 미술품 혹은 예술이라 부른다고 생각합니다. 모두 필요에 따라 생겨난 인간들의 생활 도구였고, 시대가 지나자 미술품이 되고 예술이 된 거죠.

  참고로 루브르 박물관은 루브르 미술관이라고도 부릅니다. 프랑스어로는 'Musée du Louvre'라고 하죠. 그리고 Musée와 museum은 '박물관'이라는 의미이며, 문자의 의미 자체로 보면, 박물관의 일부가 미술관입니다. 그렇기에 박물관이 아닌 미술관에 전시된 것만이 미술품이나 예술이라고 생각하지 않습니다.

야마구치 저는 디자인 역사를 제대로 배운 것은 아니지만, 원시시대 손도끼는 단순한 기능만으로 '멋있다'라고 인정받았는데, 어디에선가 변했을 가능성도 있다고 생각합니다. 권력이나 돈이 많다는 것을 과시하기 위해 평범한 것에 변화를 주어 장식을 했던 거죠.

그것이 점점 과해지다 보니 물건의 빈틈을 전부 무늬로 채우기도 하고, 금박을 입히기도 했습니다. 이것이 '바로크'나 '로코코' 양식, 이슬람 문화에서 종종 보는 기둥의 머리 부분에 꽃잎 같은 장식을 붙이는 '콜로네이드' 양식이 된 거죠.

게다가 그걸 만든 사람은 목수였습니다. 예술가나 디자이너가 아닙니다. 디자이너가 세상에 존재하지 않았던 시대였지만, 지금 우리가 봐도 너무나 멋진 작품들이 탄생했던 겁니다.

만약 미즈노 대표님께서 천년 후 미래로 꼭 가져가고 싶다고 할 만큼 멋진 것을 꼽는다면 뭐가 있을까요?

미즈노 음, 뭐랄까... 멋있게 말한다면 '상상력'이라든가 '문자'라고 해야 되겠지만, 솔직히 머리에 문득 떠오른 것은, 이유는 모르겠지만, '투탕카멘 마스크'입니다.(웃음)

야마구치 저는 종종 워크숍이나 강연에서 똑같은 질문을 하는데, 돈이나 공간의 제한 없이 생각해 보라고 하면 다양한 의견이 나옵니다. 히메지 성이라고 대답하는 사람도 있고, 대표님처럼 투탕카멘 마스크라는 사람도 있죠. 대개 19세기 이전의 것입니다.

즉, 천년 후 미래로 가져가고 싶을 정도로 멋지고 뛰어난 것은 대체로 19세기 이전의 것을 생각하고 있다는 겁니다. 디자이너도 없고 산업디자인도 발달되지 않았던 시대에 백년 이상 살아남은 물건이 많이 만들어졌단 말인 거죠.

반면, 지금은 자금이나 생산력뿐만 아니라 디자인을 대하는 인식 자체가 향상되었음에도 불구하고, 우리는 좀처럼 백년 이상 살아남을 수 있는 것을 만들어내지 못하고 있습니다. 이것은 단지 역량만의 문제는 아닌 것 같습니다.

미즈노 스토리와 정밀도네요. 대량 생산할 수 있는 것은 가치가 떨어진다는 이유도 있겠지만, 중요한 건 그 당시의 기술을 집약해 압도적인 생각과 정밀도로 만들어진 것에는 대단한 가치가 생겨난다는 것이겠지요.

그리고 후대에 남겨질 다른 하나는 '발명'이라고 생각합니다. 그림도 그렇습니다. 모네는 인상파라는 발명을 했고, 피카소는 입체파라는 발명을 한 거죠. 또 뒤샹은 레디메이드의 발명가인 거죠. 거꾸로 말하면 발명을 한 혁신가밖에 남아 있지 않다는 겁니다. 지금 세상에서 잘나가는 아티스트라도 발명가의 영역까지 가지 못한 사람은 시간이 지나면 도태될 수도 있습니다.

야마구치 제가 상당히 고민하고 있는 것이 바로 Apple이 아이폰을 세상에 내놨을 때는 엄청 새롭게 보였지만, 그건 결국 유리판이라는 겁니다. 극단적으로 말하면 제일 멋있는 것이 기껏해야 평범한 유리판이고, 디자인으로 한 게 아니라는 거죠.

미즈노 그렇군요.^(웃음) 다양한 스마트폰이 출시되고 있지만, 구분하기가 쉽지 않습니다. 화면은 크게, 두께는 얇게, 표면은 유리처럼 만들면 결국 겉모양은 거의 비슷하게 되는 거죠.

야마구치 『뉴 타입의 시대』^(인플루엔셜)에도 썼지만, 다른 스마트폰과 비교해도 외관상으로는 거의 구분되지 않는데도 불구하고, Apple의 시가 총액은 어마어마합니다. 여기에 디자인을 생각하는 하나의 열쇠가 있다고 생각합니다.
　외관상으로는 비슷하지만, 아이폰이 압도적으로 인기 있다는 것은 디자인이 물건의 모양을 의미하는 게 아니라, 거기에 담겨 있는 스토리와 세계관을 의미하고 있는 게 아닐까요.

정밀도의 가치

미즈노 선생님과 이야기 나누면서 '앞으로는 포기하지 않고 세세한 부분까지 더욱더 철저하게 해야겠다'라고 생각했습니다. '크리에이티브 디렉터는 의뢰받은 일에 철저하게 관여해야 한다'라고 말은 했지만, 좀 부족한 부분이 있어도 마지막엔 회사 경영진 판단에 맡겼던 것 같습니다.

야마구치 무슨 의미입니까?

미즈노 '필요를 충족시키는 가치'보다 '의미 있는 가치'가 더욱 중요한 시대로 바뀌고 있는 가운데, 가장 필요한 것은 정밀도라고 생각합니다. 혹은 '완성도'나 '미의식'이라고 불러도 좋을 것 같습니다.

브랜딩에 있어서 정밀도는 정말 중요합니다. 그래서 '상품 자체는 물론이고, 발송하는 상자, 제품 포장, 광고, 홍보 도구, 판매점의 인테리어, POP, 상품의 품질표시 택, 쇼핑백, 판매점 명함, 웹, SNS, 고객상담실의 대응, 사장의 복장, 넥타이 색 등 브랜드와 관련된 모든 것들이 브랜드를 만들어낸다. 그중의 어떤 것 하나라도 대충 하면 안 된다'라고 강조하고 있습니다. 하지만 특히 대기업과 일하다 보면 '이 정도면 된 것 같습니다. 여기까지만 진행하시죠'라는 경우가 자주 있습니다.

야마구치   보통은 그런 경우에 마무리하겠군요.

미즈노   하지만 고객에게 '이것은 의미가 있다, 가치가 있다'라고
           인정받기 위해서는 고객의 상상과 기대를 초월하는 독창
           성과 높은 완성도가 없으면 안 됩니다. 바꿔 말하면, 만
           드는 사람이 마니아층과 같은 충성도 높은 고객들에게도
           '이 사람들 굉장한데!'라고 인정받을 만한 신념을 가지고
           있어야 한다는 거죠. 그렇지 않으면, 고객은 상품의 가치
           를 찾을 수 없을 테니까요.

야마구치   네, 옳은 말씀입니다. 게다가 지금은 모든 사람들이 알 수
           있게 정보를 뿌리는 것이 아니라, 단지 흥미만 유발해서
           고객들이 자세한 정보를 얻기 위해 스스로 찾아오게 만
           드는 시대입니다. 어떤 분야에서든 전문가를 넘어설 정
           도의 마니아들은 정말 놀라우니까요.

미즈노   네. 제가 정말 좋아하는 고객층입니다.(웃음) 기업은 그런
           고객들 마음까지 만족시킬 각오가 필요합니다.
            저는 상품 개발 이전 단계부터 상품 디자인 그리고 광고
           와 홍보까지 전체적인 일을 맡아서 하는 경우가 많습니
           다. 그 모든 것을 '한 편의 영화를 만들듯이' 하나의 세계
           관으로 통일시키려고 하면, 어떤 상황에서든 높은 정밀
           도가 필요합니다. 선생님과 함께하면서 그것을 포기하면

안 된다는 것을 다시 한번 느꼈습니다.

야마구치 말씀하신 대로 정밀도는 중요합니다. 다만 조직과 상황에 따라 '당연한 기준'이 서로 다르기 때문에 자체적으로 정밀도를 높여가는 일은 쉬운 일이 아닙니다.

미즈노 맞습니다. 저도 '당연한 기준'을 위해 한 기업과 일했던 적이 있습니다. 그 기업의 의뢰는 취급하는 각기 다른 품목을 같은 색조로 통일시키고 싶다는 것이었습니다. 상품을 개발할 때는 보통 'DIC'라는 컬러 칩으로 색을 지정하는 경우가 많아서, 그때도 DIC의 연한 회색을 지정했습니다. 그런데 샘플이 나왔을 때 보니, 색조가 완전히 가지각색인 겁니다. A가 만든 아이템은 진한 회색 톤이 되어 있고, B는 붉은 색감이 너무 강해 갈색에 가까운 회색 톤이 되어 버렸죠. C는 푸른 색감이 너무 강해 하늘색처럼 되어 있더군요.^(웃음)

　사실 색을 맞춘다는 게 꽤 어렵긴 합니다. DIC 자체는 종이에 인쇄되어 있지만, 상품이 되는 소재는 천이나 플라스틱, 목재 등 다양하고 소재마다 빛의 반사도 다르거든요. 결과적으로 각 담당자는 '자기 나름대로 생각한 연한 회색'으로 완성시켰던 거죠.^(웃음)

　원인을 찾고 보니, 그 회사는 그때까지 컬러 칩을 기준으로 해서 엄격하게 맞추려는 시도 자체를 안 해봤다고 하더군요. 어디까지나 참고로만 생각했던 거죠. 즉, 그것이 그 회사의 '당연한 기준'이었고, '정밀도'의 수준이었던 겁니다. 샘플들을 나열해 놓고 보면 색조가 다르다는 것을 한눈에 알 정도였으니, 이대로 진행한다면 애초의 목적이었던 '색조의 통일'은 불가능하다는 걸 회사도 인지하게 되었죠. 하지만 기존에는 '시간도 없고, 이젠 어쩔 수 없다'라며 포기했었다고 합니다. 이건 일본을 대표하는 거대 기업에서 실제로 있었던 일입니다.

저는 크리에이티브 디렉터로서 일을 위임받은 상태였기 때문에 그 책임감이 컸습니다. 그래서 "이렇게 되면 목적을 달성할 수 없으니 샘플을 다시 만들어야 합니다"라고 제안해서 다시 진행했습니다. 이건 어디까지나 제가 외부에서 투입된 사람이었기에 가능했다고 생각합니다.

야마구치 내부 사람만으로는 그렇게 하기가 쉽지 않죠. 어쩌면 회사 내에도 문제의식을 가진 사람이 있었을지도 모릅니다.

미즈노 주제넘게 나섰다가 괜한 미움을 사게 될까 봐 말을 안 했던 거겠죠. 그리고 처음부터 그 회사에 있었던 사람은 이런 모습들이 만연되어 있어서 의문조차 품지 않았을 겁니다.

'이제부터는 의미의 시대다. 정밀도를 높여야 한다'라고 아무리 주먹을 불끈 쥐어도, 지금처럼 구태의연한 조직 구조에서라면 상황은 결코 쉽게 바뀌지 않을 겁니다.

야마구치 자신들의 '정밀도 수준'을 깨닫고 바꿀 수 있는 구조부터 만들 필요가 있겠군요.

언어에도 정밀도가 필요하다

미즈노 지금은 말에도 점점 더 높은 정밀도가 필요해졌습니다. 전에는 광고와 기껏해야 팸플릿이나 웹상의 문장만 잘 갖춰두면 괜찮았지만, 지금은 SNS만 해도 몇 종류나 되고, 보도 기사 자체도 쉽게 확산되거든요.

야마구치 언어의 질적인 관리도 해야 하는 시대가 되었죠.

미즈노 저는 함께 일하는 카피라이터 히루타 미즈호에게는 '전부'를 맡깁니다. 카피라이터라고 하면 보통 광고나 홍보 문구만 쓰는 것이 주된 일이라고 생각하지만, 히루타는 광고 문구뿐만 아니라 상품 설명서, 웹, 보도자료, SNS까지 브랜드와 관련된 온갖 말과 문장을 쓰거나 감수하기도 합니다.

야마구치 그럼 브랜드 자체에 통일된 개성을 갖게 할 수 있겠군요.

미즈노 많은 기업에서는 홍보 자료를 쓰는 사람과 상품설명서를 쓰는 사람이 다른 것 같더군요. 하지만 기업이나 브랜드의 언어도 전체적으로 통일해서 관리할 수 있다면 정보 전달의 정밀도가 높아질 겁니다. 샤프나 타니타처럼 SNS 운용자에게 그들만의 개성과 스킬이 있는 경우는 별개지만요.

야마구치 히루타처럼 기업이나 브랜드의 언어 전체를 감수할 수 있는 사람이 앞으로는 많이 필요하지 않을까요?

미즈노 그럴 거라고 생각합니다.

'의미를 만든다'가 미래를 만든다

미즈노 자신만의 의지나 생각을 갖고 있다는 것은 회사 성장에 있어 큰 강점이 될 수 있습니다. 회사가 추구하는 목표, '대의'라고 부르는 것이 정확할지도 모르겠네요.
　저는 일을 시작할 때, 반드시 그 회사의 '대의'가 무엇인지 묻습니다. 경험상 '대의'를 가지고 있는 경영자의 회사는 지금 당장은 힘들더라도 앞으로 개선될 가능성이 큽니다. 이 상품을 통해 내가 가진 '대의'처럼 세상을 개선하고 싶다든가, 이 상품이 필요하고 이 상품으로 기뻐할 사람이 있기 때문에 반드시 실현하고 싶다는 간절한 마음은 회사 성장의 원동력이 될 수 있습니다.

야마구치 앞에서 검색엔진 개발 경쟁에서 대기업보다 모티베이션을 가지고 있는 회사가 강했다고 했는데, 앞으로 그런 경향은 점점 강해질 거라고 봅니다. 그렇기 때문에 어떻게 하면 타사와 비슷한 것을 싸게 만들 수 있을까, 어떻게 하면 이윤을 많이 남길 수 있을까만 생각한다면 절대로 이길 수 없습니다.

미즈노 맞습니다. 한 대기업에서 새 브랜드와 신상품 개발을 할 때 정말 힘들었던 적이 있습니다. 그 기업은 타사에 관한 연구가 철저했습니다. A사는 같은 상품을 얼마에 판다, B사는 비슷한 것을 얼마까지 할인했더니 엄청나게 팔렸다, 최근에 C사 제품이 히트 쳤으니 우리 회사도 비슷한 것을 만들자 등 경쟁사의 상품 정보만큼은 완벽하게 분석하고 있었습니다. 하지만 '우리는 이렇게 되고 싶다'라는 비전은 전혀 없고, 있는 것이라곤 매출 목표뿐입니다.

　일부 임원은 위기감이 있었는지, 제가 브랜드를 표현할 수 있는 제안서를 만들어 '이런 대의를 가진 이런 브랜드를 만들어 갑시다'라고 했더니 수긍하는 모습이었습니다. 하지만 대부분의 임원들은 이해하지 못한 것 같았습니다.(웃음)

야마구치 여태까지 숫자 이외는 생각한 적이 없었던 거겠죠.(웃음)

미즈노 그런 상태였으니 상품 개발을 위한 모든 자리에서 '경쟁

회사의 이 상품이 잘 팔리니까 우리도 이것을 만들자'라
거나 '제휴 업체가 이 상품이라면 싸게 만들 수 있다고 하
니 이것으로 합시다'라는 상황이 되었던 겁니다. '이 브랜
드의 콘셉트는 ○○이니까 좀 더 이런 느낌의 상품을 만
들면 좋지 않겠습니까'라고 제안해도, 그러면 우리 고객
들은 사지 않을 거라며 들으려고 하질 않더군요. 그러다
경쟁 회사에서 그런 아이디어 상품이 먼저 나와 히트를
치기도 했죠.^(웃음)

　브랜딩은 장기전이라 처음 3년 정도는 좀처럼 숫자에
반영되지 않습니다. 대체로 3년이 지났을 무렵부터 서서
히 달라지기 시작하고, 5년쯤 지났을 때 단번에 매출에
반영되는 경우가 많습니다.

야마구치　기존 고객과 경쟁사만 바라보면, 매출은 점점 떨어질 수
밖에 없습니다. 자신의 비전을 정하여 그것을 이루기 위
해 미래를 만들어가야 하는데, 과거에만 집착하는 회사
가 '의미를 만든다'는 것은 어렵다고 생각합니다.

미래를 데려오는 디자인

야마구치　소니의 창업주 모리타 아키오가 워크맨^{(휴대용 카세트테이프 플레이}
^{어)}을 출시했을 때 나온 유명한 일화가 있습니다. 처음에

는 한 번도 본 적이 없어서 아무것도 몰랐던 유통 업체들이 "대체 뭡니까? 이게", "스피커도 없는데 어떻게 듣나요?"라고 물을 정도였습니다.(웃음)

영문을 알 수 없는 제품이라 취급하겠다는 판매점이 좀처럼 나타나지 않을 때, 모리타는 헤드폰을 쓴 외국인 모델 100명을 고용해 "요요기 공원에서 롤러스케이트를 타게 해라, 달리게 해라, 신나게 걷게 해라"라고 지시했습니다.

미즈노 미래 모습을 연출하게 한 거네요. 굉장합니다.

야마구치 이동성 높은 디바이스로 음악을 듣는 미래가 열렸다. 이젠 집에 앉아서 듣지 않아도 된다. 뭔가를 하면서 어디서나 즐겁게 음악을 즐길 수 있다. 바로 이런 모습을 도시 한복판에서 연출하게 한 거죠. 모리타가 의도했던 대로 '저게 대체 뭐지?'라며 큰 화젯거리가 되었고, SNS가 없던 시대였는데도 큰 인기를 누렸죠.

스티브 잡스가 제록스의 실리콘밸리 연구소에서 '이것은 혁명이다!'라고 했던 것처럼 흥분하면서 '재고를 몽땅 달라'고 말한 사람이 당시 마루이 쇼핑센터의 바이어였습니다. 그는 음악계 혁명이란 걸 알아차렸던 거죠. 정말 대단하다고 생각합니다.

결국 날개 돋친 듯이 팔리는 최고의 상품이 되었죠.

미즈노   미래를 그릴 수 있는 힘이 얼마나 중요한지..., 그 힘이 없
       으면 '의미'를 만들 수도, '세계관'을 그릴 수도 없습니다.
       그뿐만 아니라 새로운 것을 봤을 때도 그 '의미'와 '가능
       성'을 알아차리지 못할 겁니다.

야마구치   미래를 보여준 사람과 그 세계를 보고 가능성을 알아차
       린 사람. 결과적으로 세계는 정말 달라졌습니다. 정말 쉽
       지 않은 대단한 이야기입니다.
         Apple이 없는 세계, 스타벅스가 없는 세계, 워크맨이 없
       었던 세계는 우리 기억 속에서 사라질 것입니다. 물론 앞
       으로도 아이팟을 대체하거나 하는 업데이트는 계속되겠
       지만, 등장한 순간 미래가 업데이트 될 겁니다.
         스타벅스의 콘셉트만 들으면 투자할 수 없을 거라고 말
       한 것처럼, 말로 아무리 설명해도 '별로 갖고 싶지 않다'
       거나 '유행할 것 같지도 않고 잘 모르겠다'라고 할 수는
       있겠지만, 그것을 그리면 사람들에게 제대로 전달할 방
       법은 얼마든지 있습니다.

미즈노   지금 여기 없는 미래를 상상하고, 선명하게 마음속으로
       구체화하고, 실현하기 위한 단계를 떠올리고, 최종적인
       아웃풋까지 만들어 내는 것. 그것이 디자인의 역할입니
       다. 협소한 의미의 표층 디자인이 아니라, '진정한 의미로
       서 디자인'의 역할은 바로 그것이라고 생각합니다.

디자인은 미래를 데려올 겁니다. 그러지 못하면 디자인이라고 할 수 없습니다.

선생님과 함께하면서 고객들에게 더 많은 미래 모습을 제안하리라 다짐했습니다.

야마구치 스티브 잡스가 Mac이 있는 미래를 떠올렸던 것과 똑같군요. 의미가 담긴 스토리를 만들어 그 세계를 실제로 그려내고 그것을 사람들에게 제시할 수 있는 사람. 직업이 디자이너든 아니든 상관없이 그런 사람이야말로 미래에 반드시 필요한 인재라고 믿습니다.

마치며 ——————— 미즈노 마나부

야마구치 선생님과 흥미롭고 너무나도 재미있는 대담을 끝마쳤을 무렵, 최신 드론이 촬영한 '롤러코스터 영상'을 볼 기회가 있었습니다. 엄청난 스피드로 올라갔다 내려갔다를 반복하는 롤러코스터. 거기에 바짝 붙어 리얼하고 선명하게 촬영한 드론 기술은 정말 대단했습니다. TV 캐스터는 '세계 최초의 영상입니다!'라며 흥분한 기색으로 소개하고 있었습니다.

하지만 저는 이상하게도 놀랍지 않았습니다. 전에는 할 수 없었던 것이 테크놀로지로 가능하게 되었다는 영상이지만, 새로운 것을 봤다는 감동이 거기에는 없었습니다. 적어도 '분명 이런 느낌이겠지'라는 예상을 넘어선 영상은 아니었습니다.

이것은 제 직업상 다양한 영상을 많이 봤다는 의미가 아닙니다. 아마도 많은 사람이 저와 비슷한 느낌을 갖지 않았을까요? 왜냐하면 지금 우리는 그 영상을 이미 '상상'할 수 있기 때문입니다. 인간의 상상력이란 우리가 생각하는 것보다 훨씬 뛰어나기 때문에 때로는 테크놀로지를 가볍게 뛰어넘기도 합니다.

이 책 처음에 야마구치 선생님께서 Apple은 이미 1987년에 터치패널이나 음성 입력이 장착되고, 모든 단말기가 네트워크로 연결된 미래 모습을 명확하게 그려냈다고 말한 바 있습니다. 그리고 세계 최초의 웹브라우저 '모자이크(Mosaic)' 탄생은 그로부터 6년 후인 1993년이었습니다. 인간은 테크놀로지가 현실을 바꾸기 전에 아직 존재하지 않는 '미래'를 상상할 수 있는 힘을 가지고 있다고 생각합니다.

1969년 후지코 후지오(후지모토 히로시+아비코 모토오)라는 두 명의 천재가 『도라에몽』을 탄생시켰습니다. 도라에몽이 등장했던 당시에는 2012년 21세기 고양이형 로봇이라는 설정이었습니다(그 후 2112년 22세기 탄생으로 변경되었습니다). 제1권에 나오는 비밀 도구 '대나무 헬리콥터(처음 명칭은 헬기잠자리)'는 지금 현재는 존재하지 않습니다. 하지만 '실없는 전화'보다 성능이 좋은 휴대폰이 나왔고, 우주 탐험 헬멧은 AR(증강현실) 기술로 실현 가능하다고 봅니다. 테크놀로지는 꾸준히 도라에몽 세계를 따라가고 있습니다.

새로운 비즈니스에 대한 힌트는 『도라에몽』 안에 많이 숨겨져 있을지도 모릅니다. 물론 후지코 후지오뿐 아니라, 책에서 언급한 스티브 잡스, 소니의 모리타 아키오 등은 뛰어난 천재일지 모릅니다. 하지만 저를 포함한 천재가 아닌 사람도 상상력을 발휘할 수 있습니다.

생각하는 것을 명확하고 구체적인 이미지로 만든다.

이미지에 개성을 담아 스토리와 세계관을 만든다.

이미지에 의미를 담아 세상에 탄생시킨다.

그리고 공감하는 사람을 늘려간다.

이것이 앞으로의 비즈니스에 꼭 필요한 것임을 이번 대담을 통해 새삼 느끼게 되었습니다.

매슬로는 말년에 욕구 5단계 이론의 가장 상위 단계 '자기실현 욕구'보다 더 높은 단계로 '자기 초월 욕구'를 제시했다고 합니다. 다소 철학적인 측면도 있지만 그 부분은 제외하고, 일명 '커뮤니티 발전 욕구'라고 불리며, 다른 사람의 칭찬을 구하지 않고, 이념을 가지고 대의에 몰두하는 상태이며, 자신이 속한 커뮤니티 전체의 발전을 바라는 욕구라고 해석되고 있습니다.

매슬로가 사망한 1970년은 이것이 부족하다거나 저것을 갖고 싶다는 갈망으로 가득 찬 시대였기에 매슬로의 이 개념에 깊이 공감하는 사람이 많지 않았을지도 모릅니다.

하지만, 현대로 눈을 돌리면 매슬로가 말하고 싶었던 내용을 충분히 이해할 수 있습니다.

의식주에는 부족함이 없지만, 어딘지 모르게 채워지지 않는다. 막연하고 밝지 않은 미래를 믿을 수 없다. 지속가능한 발전을 목표로 말하는 인류의 보편적 문제와 지구환경문제에 대한 불안감도 있다. 지금의 이런 시대에는 '어떻게 살아갈 것인가?'라는 물음이 무게를 더해 옵니다.

기업도 마찬가지입니다. 사회와 어떤 관계를 맺을 것인지, 다시 말해 3장에서도 언급한 '대의'가 중요해졌습니다.

일본에서는 창업해서 5년 이내에 도산하는 회사가 85%라고 합니다. 여러 기업과 일하면서 성장하는 회사와 사라져 가는 회사를 많이 보았습니다.

그런 경험을 통해, 자금이 넉넉하고 파워도 있었지만 결국 실패한 대부분의 회사는 '급성장해서 많은 이익을 얻고 싶다'라는 욕구가 엔진이 되어 있었다는 것을 알게 되었습니다.

이익은 경제활동에서 반드시 이뤄내야 할 최대의 과제 중 하나입니다. 저 역시도 일하고 있는 기업의 이익을 올리려고 많은 노력을 했습니다. 하지만 숫자만 가지고 미래를 그릴 수 없는 것 또한 사실입니다. 심지어 '의미가 있는 것'을 중시해야 할 우리에게 원동력이 될 수 있을까요?

'세상을 이렇게 만들고 싶다', '미래를 이렇게 바꾸고 싶다'는 열정과 희망과 강한 의지. 바로 이런 '대의'가 필요합니다. '대의'가 없으면, 자신들의 미래 비전을 명확하게 그릴 수 없습니다. 그리고 비전이 없으면, 세계관도 당연히 흔들릴 수밖에 없습니다.

무엇보다 기업과 같은 조직에서 세계관을 만드는 작업은 혼자서 할 수 있는 일이 아닙니다. 많은 사람이 같은 생각을 공유하고, 같은 이미지를 그리면서 '의미'를 계속 만들어 가지 않으면 안 됩니다. 그러기 위해서는 '대의'에 깃든 열정이 관련된 모든 이에게 전달되어야만 합니다.

저는 2016년부터 '오이식스'에서 크리에이티브 디렉터 일을 맡고 있습니다. 이 회사는 안전하고 믿을 수 있는 농산물과 가공식품, 밀키트 등을 간편하게 구입할 수 있는 전자 상거래 사이트 'Oisix'를 중심으로 30만 명 이상의 회원을 보유하고 있습니다. 이런 '오이식스'의 성과는 '대의'를 품고 있는 기업이었기에 실현할 수 있었던 사례라고 생각합니다.

처음에는 로고부터 회사 전체 크리에이티브 개편까지 실무자로서 진행했습니다. 그런데 언제부턴가 각 사업부의 디자인 팀을 모아 매월 정기 미팅을 주관하는 것이 저의 중요한 역할이 되었습니다.

기업 내부 디자인 팀에는 신속하게 움직일 수 있다는 장점이 있지만, 부서별 성격이 다르기 때문에 하나로 통일되기 쉽지 않다는 단점도 있습니다. 정기 미팅에서는 디자이너들이 만든 하나하나에 대한 피드백을 통해 제가 가진 디자인 노하우를 세세하게 전달했습니다. 하지만 가장 중요한 목적은 '오이식스'의 세계관을 사원들 안에 통일시키는 것이었습니다.

'오이식스'는 어떤 브랜드인가? 무엇을 목표로 하는가? 어떻게 보이고 싶은가? 이처럼 '오이식스'의 세계관을 자세하게 규명한 후 실무에서 세세한 부분까지 통일해 갑니다. 하지만 실제로는 매우 섬세한 작업입니다.

어떤 비주얼이 '오이식스'다운가? 사진은 어떤 조명이 좋은가? 이런 토론은 물론이고, 더 사소한 부분까지 언급합니다. 예를 들면 이 사진 속 농부의 펑크스타일 모자는 '오이식스'다워 보이는가? 라는 회의 주제에 '멋진 모자지만 세계관과 조금 어울리지 않을 것 같다', '촬영할 때는 이런 구도로 찍으면 좋았을 텐데' 같은 아주 작은 부분까지 다루고 있습니다. 뭐 그런 것까지 언급해야 하나 할 정도로 끈질기게 개선점을 모아가는 사이에 크리에이티브의 질은 점점 향상되어 갑니다.

여기에서 크게 힘이 된 것은 '오이식스'가 가진 '대의'였다고 생각합니다. '더 많은 사람이 좋은 식생활을 즐길 수 있는 서비스를 제공하고 싶다', '좋은 먹거리를 만드는 사람들이 혜택을 받고 자부심을 가질 수 있는 구조를 만들고 싶다'. 이런 명확한 '대의'가 회사 밑바탕에 깔려 있습니다. 그 생각에 공감하는 사람들이 모인 조직에는 열정도 있습니다. 직원 모두는 좋은 것을 제공하고 있다는 자부심이 있고, 취급하는 상품에도 만드는 농가의 농민들에게도 깊은 애정이 있습니다. 그래서 더더욱 확실하게 매력을 전하고 싶다는 강한 모티베이션이 생겨 납니다. 그것들은 치밀하면서도 정신이 아찔해질 만큼 복잡하고 힘든 '세계관 구축 작업'을 '즐기는' 원동력이 되었다고 생각합니다.

인간의 감각은 매우 섬세합니다. 이 감도는 매우 민감해서 조금이라도 이상한 것이 있으면 수신자 센서에서 금방 튕겨 나갑니다. 수신자 한 사람 한 사람의 감도가 높기도 하지만, 사람들에게는 모두의 감도를 한데 모은 '집합지' 역할을 하는 '지식'이라는 것도 있어서, 대중을 향해 상품이나 서비스를 제공할 때 그 세계관에 빈틈이 생기면 고객은 금방 알아차립니다.

그래서 서비스나 상품을 제공하는 쪽은 고객이 그 세계관의 훌륭함에 푹 빠질 수 있을 만큼 정밀도를 높이지 않으면 안 됩니다.

실제로 해보면, 이것은 정말로 힘든 일입니다. 노력도 필요하고,

각오도 필요하며, 지식, 센스, 실력 또한 필요합니다.

그래도 그것을 소홀히 하면 '의미가 있는' 세계에서 일을 해나갈 수 없습니다.

'대의'와 '비전'을 내걸고, 거기서 생겨나는 모티베이션을 무기 삼아 앞으로 나아가는 것이 장차 우리의 이정표가 되어줄 것이라고 생각합니다.

산업구조가 크게 바뀌고 있는 지금 같은 혁명기에 어떤 사고방식을 가져야 살아남을 수 있을까요? 살아남을 뿐만 아니라 빛날 수 있을까요?

이 책을 읽어주신 독자분들에게 이 책이 조금이나마 그런 고민들을 해결해 줄 힌트가 될 수 있기를 간절히 바랍니다. 저 역시 많은 배움을 얻은 귀한 대담이었습니다. 야마구치 슈 선생님께 진심으로 감사드립니다.

아무쪼록 앞으로의 세계를 짊어질 사랑하는 아들과 그들 세대에게 조금이라도 밝은 미래가 찾아와 주기를 바랍니다. 저도 계속 정진하면서 하루하루의 일을 마음껏 즐기면서 해나가고 싶습니다.